Regine Stroner
Brunhilde Bross-Burkhardt

heiße drinks für kalte tage

UMSCHAU

Regine Stroner
Brunhilde Bross-Burkhardt

heiße drinks für kalte tage

UMSCHAU

Inhalt

Vorwort

Wenn man durchnässt und fröstelnd von draußen kommt, sehnt man sich nach Wärme und Gemütlichkeit. Wie schön, wenn man mit einem heißen Getränk empfangen wird – mit Glühwein, Zitrusbowle oder Irish Coffee. Das regt die Lebensgeister an. Wohliges Kribbeln im ganzen Körper. Angenehme Wärme breitet sich innerlich aus. Klamme Finger werden an den heißen Gläsern und Tassen wieder warm.

Man kann die Rückkehr aus der Kälte mit Stil zelebrieren, mit Kerzenlicht und anheimelndem Duft, vielleicht nach weihnachtlichen Gewürzen. Perfekt wird es, wenn man dazu knuspriges Gebäck aus der Hand essen kann.

Die Grundzutaten für Grog, Punsch und Glühwein sollte man immer im Hause haben: Fruchtsaft und Wein, Rum und Likör, Kandis und Sternanis. Wir spielen mit diesen Grundzutaten und zaubern daraus neue Kreationen. Köstlichkeiten mit, aber auch ohne Alkohol. Und sogar am Zucker kann man sparen. Denn ein guter Punsch oder Grog muss keineswegs eine ungesunde Kalorienbombe sein. Wir haben für jeden Geschmack etwas dabei. Viele der Drinks kann man gut in die Thermoskanne füllen und mit nach draußen in die Kälte nehmen. Ob zum Wandern oder Skifahren, auf die Jagd oder zu jeglicher anderen Aktivität im Freien. Die Rezepte für solche heißen Stärkungen, die sich besonders für ein »Picknick« in schlechtem Wetter eignen, sind besonders hervorgehoben. Auch das Gebäck kommt mit – praktisch in Dosen oder in Alufolie gehüllt.

Regine Stroner serviert einige der vorgestellten Spezialitäten alle Jahre wieder auf dem sehr stimmungsvollen Weihnachtsmarkt in Langenburg/Hohenlohe und im Gasthof zum Hirschen in Blaufelden. Doch probieren Sie selbst …

Regine Stroner und
Brunhilde Bross-Burkhardt

Grog

Rezepte:
- *Steifer Grog*
- *Weißer Grog mit Limette*
- *Ostfriesischer Grog*
- *Schneller Eiergrog*
- *Schwedischer Glögg*
- *Irischer Grog*
- *Alkoholfreier Glogg*

Grog

Nach Auskunft des Küchenlexikons ein »Heißgetränk« aus Rum (Arrak, Weinbrand oder Whisky), Zucker, Zitronen- oder Apfelsinensaft und heißem Wasser. Benannt nach dem englischen Admiral Vernon, der das Getränk erfunden und sehr gerne genossen haben soll. Seine andere Vorliebe für Hosen aus derbem »Grogram«-Stoff, die er immer trug, hat dem Getränk dann den Namen gegeben: **Grog**. Übrigens: So richtig »groggy« sind Sie, wenn Sie zuviel von der heißen Mischung getrunken haben.

Grog

Warenkunde Spirituosen und Eier

Rum & Co.

Spirituosen sind immer mal wieder Bestandteil von Winterdrinks. Hier die wichtigsten:

Rum wird aus Zuckerrohr gewonnen. Frischer Zuckerrohrsaft wird vergoren und anschließend destilliert. Mit Wasser wird er anschließend auf Trinkstärke (40–50 vol.%) verdünnt. In gebrauchten Eichenfässern lässt man ihn reifen. Das geht im tropischen Klima 2–3 mal schneller als z. B. beim französischen Cognac. Allerdings ist der Verlust durch Verdunstung mit bis zu 12 % auch sehr hoch. Der Rum aus dem Zuckerrohrsaft ist fruchtig frisch im Geschmack. Eher nach Vanille und viel weicher und runder schmeckt Rum, der aus Zuckerrohr-Melasse destilliert wurde. Er ist meist auch von der Farbe her etwas dunkler. Rum wird hauptsächlich auf den karibischen Inseln produziert. Ein Rum-Verschnitt muss mindestens 5 % Original-Übersee-Rum enthalten.

Weinbrand wird durch zweifache Destillation aus Wein gebrannt. Sein Alkoholgehalt liegt bei mindestens 38 vol %. Auch er reift in einer mindestens halbjährigen Lagerung in kleinen Eichenfässern.

Cognac ist ein ebenfalls zweifach gebranntes Destillat aus Wein. Dieser Weinbrand darf nur im französischen Anbaugebiet Charente (mittendrin die kleine Stadt Cognac) aus festgelegten Rebsorten gewonnen werden. Durch die Reifung in kleinen Fässern aus Limousin-Eiche erhält er seinen typischen Geschmack.

Whisky hat Mais und/oder Getreide als Ausgangsstoff, je nach Herkunft in den verschiedensten Varianten. So wird Schottischer Whisky aus Gerstenmalz gebrannt. Dabei zeichnet sich zum Beispiel ein Single Malt dadurch aus, dass er aus einer einzigen Brennerei kommt und nicht mit dem Whisky anderer Destillen verschnitten wird. Seine Reifezeit beträgt mindestens 3 Jahre. Oft werden mehrere Jahrgangsproduktionen verschnitten, wobei sich die Altersangabe auf der Flasche immer auf den jüngsten Jahrgang bezieht. Irischer Whisky wird dreifach gebrannt. Amerikanischer Whiskey wird zu 51 % aus Mais gebrannt, der Rest besteht aus Roggen, Weizen, Gersten-und Roggenmalz. Ein Bourbon wird aus Mais und Roggen destilliert.

Beim Brennen hat sich der Mensch als sehr erfindungsreich bewiesen. »Wässerchen« (im Russischen: Wodka) lassen sich in jedem Land und jeder Region produzieren. Von den Obstschnäpsen abgesehen, werden aus Kartoffeln der russische Wodka oder der skaninavische Aquavit. Aus Reis Arrak oder Raki, für den holländischen Genever und den englischen Gin braucht es Roggen, Wacholderbeeren und Gewürze.

Eier

Für viele Drinks und auch beim Backen sind sie unentbehrlich. Und dass die Qualität dabei stimmen muss, versteht sich eigentlich von selbst. Natürlich hat nicht jeder die Möglichkeit, seine Eier ganz frisch beim Erzeuger kaufen zu können. Aber Sie können beim Einkauf das Legedatum auf der Eierpackung ablesen. Und Sie könne außerdem selbst entscheiden, aus welcher Art der Hennenhaltung Sie ihre Eier beziehen möchten. Seit 1.1.2004 trägt das Ei alle Informationen, die Sie brauchen, auf seiner Schale.
Die erste Zahl informiert über das
Haltungssystem:
0 = ökologische Erzeugung
1 = Freilandhaltung
2 = Bodenhaltung
3 = Käfighaltung
Anschließend lässt sich das
Herkunftsland ablesen. Zum Beispiel:
DE = Deutschland
NL = Niederlande
FR = Frankreich

Danach folgen Nummern, die den **Betrieb** identifizieren, so dass sich die Herkunft des Eies genau zurückverfolgen lässt.

Bewahren Sie Eier immer im Kühlschrank auf. Möglichst in einer Box oder im Eierfach, denn dort sind sie vor Fremdgerüchen geschützt, die ansonsten durch die poröse Schale eindringen könnten.

Ob ein Ei frisch ist, lässt sich schnell feststellen:
Geben Sie das Ei in ein Glas mit kaltem Wasser. Ganz frische Eier bleiben am Boden liegen, leicht schräg gestellt dagegen ist das Ei etwa 7 Tage alt. Und über 21 Tage alte Eier schwimmen oben, da die Luftkammer im Ei mit zunehmendem Alter größer wird und dem Ei Auftrieb verleiht.

Auch beim Aufschlagen sehen Sie, ob das Ei frisch ist:
Bei einem frischen Ei sitzt das Eiweiß ganz kompakt rund um das Eigelb; bei einem älteren Ei dagegen läuft das Eiweiß ganz auseinander.

Übrigens:
Gut gekühlte Eier lassen sich besser trennen, als Eier mit Zimmertemperatur! Und ganz frische Eier lassen sich gekocht ganz schlecht schälen, auch wenn sie abgeschreckt wurden. Erst mit etwa 3 Tagen hat das Ei das optimale Alter, um gekocht zu werden.

Steifer Grog

Einen richtigen Grog bereiten Sie am besten glasweise zu. Deshalb hier ausnahmsweise die Zutaten pro Person und Glas.

1 TL brauner Zucker
ca. 200 ml Wasser
4 cl (2 Schnapsgläschen) Rum
1 Achtel einer unbehandelten Zitrone

Zubereitung:

Den Zucker in ein hitzebeständiges Glas geben, mit kochend heißem Wasser auffüllen, gut umrühren und den Rum dazugießen. Zitrone zufügen und eventuell nochmals mit Zucker nachsüßen. Sofort servieren.

Weißer Grog mit Limette

Auch diesen Grog am besten glasweise zubereiten

1 TL weißer Kandiszucker
ca. 200 ml Wasser
2 EL Limettensaft
3–4 cl (2 Schnapsgläschen) weißer Rum
ein Stück abgeschälte Schale einer unbehandelten Limette

Zubereitung:

Den Kandiszucker in einem hitzebeständigen Glas mit kochendheißem Wasser übergießen und unter Rühren auflösen. Limettensaft und Rum zufügen, unterrühren und die Limettenschale über den Glasrand legen. Sofort servieren.

Wenn Sie möchten, können Sie das Glas vor dem Einfüllen mit einem Zuckerrand verzieren. Dafür mit der ausgepressten Limettenhälfte über den Glasrand streichen. Das Glas umdrehen und in die Zuckerdose drücken. Schon ist der Zuckerrand fertig. Nur nicht zu lange stehen lassen, da die Säure den Zucker mit der Zeit auflöst und der krustige Rand langsam zerfließt.

Ostfriesischer Grog

4 gehäufte TL kräftiger schwarzer Tee
(Assam oder Ceylon Orange Pekoe)
ca. 1/2 l Wasser
1/8 l Rum
4 TL brauner Kandiszucker oder
4 Kandisstäbchen zum Umrühren

Zubereitung:

Den Tee in einer Kanne mit sprudelnd kochendem Wasser übergießen. 3 Minuten ziehen lassen, abgießen und sofort den Rum unterrühren. Entweder gleich mit dem Kandiszucker süßen oder erst in Teegläser füllen und ein Kandisstäbchen dazu reichen.

Der Grog lässt sich zum Mitnehmen auch gut in eine Thermoskanne füllen. Allerdings sollte er wirklich ganz heiß abgefüllt werden; und am besten die Kanne schon mit etwas heißem Wasser vorwärmen.

Schneller Eiergrog

Diesen Grog am besten glasweise zubereiten.

Zutaten pro Glas:

1 Ei
4 cl (2 Schnapsgläschen) **Rum**
etwa 200 ml heißes Wasser
brauner Zucker

Zubereitung:

Das Ei mit dem Rum in einen hohen Rührbecher oder den Mixer geben. Auf höchster Stufe ganz schaumig aufschlagen. Das Wasser ganz heiß dazugießen und nochmals durchmixen. Mit Zucker abschmecken, in ein vorgewärmtes Glas oder einen Becher füllen und sofort servieren.

Schwedischer Glögg

100 g ganze Mandeln
100 g Rosinen
1/8 l Cognac oder Weinbrand
2–3 Kardamomkapseln
4 Nelken
2 Pimentkörner
1/2 l kräftiger Rotwein
nach Belieben etwas Rohrzucker zum Süßen

Zubereitung:

Die Mandeln in einen kleinen Topf mit kochendem Wasser geben. Einmal aufwallen lassen, in ein Sieb abgießen und mit eiskaltem Wasser abschrecken. Die Mandeln nun aus der Schale lösen; sie lassen sich ganz leicht rausknipsen. Die Mandelkerne mit den Rosinen in einen Topf geben, mit dem Cognac oder Weinbrand übergießen und mindestens eine halbe Stunde darin ziehen lassen.

Kardamomkapseln, Nelken und Pimentkörner in ein großes Teesieb füllen oder in ein Stück Mulltuch binden. Ebenfalls in den Topf geben und mit dem Rotwein auffüllen. Den Glögg langsam erwärmen und eine gute Viertelstunde ziehen, aber nicht kochen lassen. Die Gewürze herausfischen, und den Glögg mit Mandeln und Rosinen in Gläser füllen und ganz heiß servieren. Nach Belieben mit Zucker abschmecken.

Irischer Grog

Zutaten pro Person und Glas:

1 TL brauner Zucker
2 EL Orangensaft
ca. 200 ml Wasser
4 cl irischer Whisky
1 dünne Orangenscheibe

Zubereitung:

Zucker und Orangensaft in ein hitzebeständiges Glas geben. Mit kochend heißem Wasser auffüllen und gut umrühren. Den Whisky zufügen, umrühren. Die Orangenscheibe vom Rand bis zur Mitte hin einschneiden und über den Glasrand hängen.

Sofort servieren.

Wenn Sie den Grog in eine Thermoskanne abfüllen möchten – kein Problem! Die eingeschnittenen Orangenscheiben getrennt in eine kleine Dose packen. So eignet sich der Grog auch prima zum Genießen draußen in eisiger Kälte.

Alkoholfreier Glogg

1 unbehandelte Orange
1/2 l frisch zubereiteten Früchtetee (zum Beispiel Hagebutte mit Apfel)
1/2 l Orangensaft
4 Zimtstangen
4 gehäufte TL brauner Kandiszucker

Zubereitung:
Die Orange waschen, abtrocknen, dann die Schale am besten mit einem Sparschäler spiralförmig abschälen. Vier schöne Schalenstücke zum Garnieren beiseite legen. Die restliche Schale mit dem Früchtetee und dem Orangensaft in einen Topf geben. Einmal aufkochen lassen, dann die Zimtstangen zufügen und alles 10 Minuten ziehen lassen. Den Glogg in vorgewärmte Gläser füllen, dabei die Schalen zurücklassen. Jeweils eine Zimtstange in jedes Glas geben, die beiseite gelegten Orangenspiralen an den Glasrand hängen und den Glogg mit Kandiszucker servieren.

Punsch

Rezepte:
* Punsch-Essenz
* Gewürz-Punsch
* Früchte-Punsch ganz ohne Alkohol
* Alkoholfreier Teepunsch
* Teepunsch mit Weißwein
* Eierpunsch
* Russischer Eierpunsch
* Champagnerpunsch
* Orangenpunsch
* Grenadine-Punsch

Punsch

Das klingt schon so schön kuschelig nach Couch, Faulenzen und Genießen. Aber eigentlich kommt der Begriff aus dem Indischen und bedeutet »fünf«. Und genau aus fünf Zutaten sollte ein richtiger Punsch bestehen. Britische Soldaten bereiteten schon im 17. Jahrhundert aus Arrak, Zucker, Zitronensaft, Gewürz und Wasser ein belebendes heißes Getränk, das vor allem in europäischen Hafenstädten angeboten und gerne getrunken wurde. Wobei mit der Zeit der Arrak manchmal auch durch Rum, und das Wasser durch Tee oder Wein ersetzt wurde.

Warenkunde Tee

Camellia sinensis und *Camellia assamica* heißen die zwei Stammpflanzen, die für den Teeanbau wichtig sind. Erstere kann bis zu 6 Meter hoch wachsen, hält auch mal einen Frost aus und bringt 5–8 Zentimeter große Blätter hervor. Sie eignet sich zum Beispiel gut für einen grünen Tee. Die Camellia assamica ist ein richtiges Tropengewächs, braucht sehr viel mehr Wärme und kann noch sehr viel höher wachsen (12–15 Meter) als ihre Schwester.Ihre Blätter sind mit 10–12 Zentimetern Länge ebenfalls sehr groß. Kreuzungen zwischen diesen beiden Pflanzen sind die Grundlage für die meisten Teekulturen.

Obwohl die Pflanzen sehr hoch werden können, werden sie durch ständigen Schnitt auf Hüfthöhe gehalten. Ansonsten wäre die Ernte einfach zu schwierig. Gepflückt werden meist »two leaves and a bud« – also zwei Blätter und die Knospe an der Spitze der Pflanze.

Für den normalen »**Schwarztee**« lässt man die Blätter in speziellen Behälter welken, dann werden sie gerollt und dadurch leicht angebrochen. Durch Sauerstoff entsteht ein Oxidationsprozess, die Fermentation beginnt. Dabei verfärben sich die Blätter rotbraun bis schwarz. Durch Temperaturen zwischen 160–180 Grad wird die Fermentation gestoppt und die Blätter getrocknet. Blätter für einen »**grünen Tee**« werden gleich nach dem Welken erhitzt, um eine Fermentation zu verhindern.

Durch Rüttelsiebe werden dann die verschiedenen **Blattgrößen** voneinander getrennt.

- Broken nennt man mittelgroße Teeblätter
- Fannings kleinere Blatt-Teilchen
- Dust die kleinen Blattreste

Darjeeling Dieser Tee wächst an den südlichen Ausläufern des Himalaya in Höhen bis zu 2000 Metern. Er ist hell in der Farbe, hat ein blumiges intensives Aroma.

Bedingt durch das Klima gibt es dort drei Haupterntezeiten:

- Frühjahrspflückung = first flush
- Sommerpflückung = second flush
- Herbstpflückung = autumnals

Darjeeling-Tee wird häufig nur aus einer »Lage« geerntet und als »Gartentee« mit dem entsprechenden Namen angeboten. Das heißt er wird mit keinem anderen Tee gemischt.

Ceylon-Tee wird in Sri Lanka angebaut, das aber im Teehandel immer noch Ceylon genant wird. Er steht etwas dunkler als Darjeeling in der Tasse, ist frisch aromatisch und kräftig im Geschmack.

Assam-Tee aus dem Nordosten von Indien ist ein sehr kräftiger Tee mit leicht malzigem Geschmack. Er ist Bestandteil für manche Teemischung (Blend), zum Beispiel für die kräftigen Ostfriesen-Mischungen.

Oolong-Tee kommt aus China und Taiwan. Bei diesem Tee werden die Blätter nur am Rand fermentiert. Eine sehr aufwändige Methode, die einen malzig-fruchtigen Tee mit fast oranger Farbe zum Ergebnis hat.

Übrigens: Für 450 g Schwarztee müssen 2 kg frische Blätter geerntet werden.

Für alle Teesorten gilt: luftdicht verpackt aufbewahren, damit er gegen Fremdgerüche geschützt ist.

Für die **Zubereitung** spielt eine große Rolle, ob Sie einen Blatttee oder Tee im Aufgussbeutel verwenden. Die kleineren Blattstückchen sind ergiebiger, vom Blatt-Tee brauchen Sie von der Menge her mehr. Richten Sie sich bei der Zubereitung an die Angaben auf der Packung, sowohl was die Menge, als auch was die »Ziehzeit« betriftt. Hier unterscheiden sich die einzelnen Teesorten ganz erheblich. Am besten fragen Sie Ihren Teehändler. Im Anschluss an die Rezeptseiten finden Sie eine Liste von Teehändlern, die Ihre Produkte auch im Versand anbieten. Außerdem finden Sie im Internet unter **www.teeverband.de** viele weiter Informationen zum Thema Tee.

Punsch-Essenz

2 unbehandelte Orangen, 200 g Würfelzucker, 1 l trockener Weißwein, 4 Zitronen, je 1/2 l Rum und Arrak

Zubereitung:
Die Orangen unter kaltem Wasser abwaschen und abtrocknen. Mit mehreren Würfelzuckerstückchen die Orangenschale rundum abreiben. Alle Würfelzuckerstücke mit dem Weißwein einmal kurz aufkochen lassen. Die Orangen und die Zitronen auspressen. Zusammen mit dem Rum und dem Arrak zum Weißwein geben und gut verrühren. Die Essenz durch ein feines Sieb gießen, in Flaschen abfüllen und verschließen.

Aus dieser Essenz lässt sich mit Wasser oder Tee ganz rasch ein Punsch zubereiten. Sie eignet sich aber auch zum Würzen von Gebäck oder Desserts.

Gewürz-Punsch

3 gehäufte TL Darjeeling-Tee
ca. 1/2 l Wasser
Saft von 1 Zitrone
4–5 EL Kandiszucker
3 Sternanis, 1 kleine Zimtstange,
6 Nelken und 4 Pimentkörner
1/8 l Arrak

Zubereitung:
Den Tee in einer Kanne mit sprudelnd kochendem Wasser übergießen und 3 Minuten ziehen lassen. Durch ein Sieb in einen Topf abgießen. Zitronensaft, Kandiszucker, alle Gewürze und den Arrak zufügen. Erwärmen und 10 Minuten ziehen, aber auf keinen Fall kochen lassen. In Teegläser oder andere hitzebeständige Gläser füllen und ganz heiß servieren. Die Gewürze müssen keineswegs abgesiebt werden, sie dürfen ruhig im Glas landen!

Der Gewürzpunsch eignet sich gut zum Abfüllen in eine Thermoskanne. Auch dabei die Gewürze ruhig drinlassen!

Früchte-Punsch, ganz ohne Alkohol

2 gehäufte TL Früchteteemischung oder 4 Teebeutel Früchtetee
gut 1/2 l Wasser
1/2 l Multivitaminsaft
3–4 Pimentkörner, 4–5 Nelken
nach Belieben eine kleine unbehandelte Orange oder 4 Kumquats

Zubereitung:

Den Früchtetee in einem Topf mit kochendem Wasser übergießen, den Saft zufügen und die Gewürze dazugeben. Erwärmen und bei ganz milder Hitze etwa 10 Minuten ziehen lassen.

In der Zwischenzeit die Orange oder die Kumquats in feine Scheiben schneiden. In vier Becher oder Gläser verteilen, den ganz heißen Punsch durch ein Sieb darübergießen. Sofort servieren.

Der Früchtepunsch eignet sich gut zum Transport in der Thermoskanne.

Alkoholfreier Teepunsch

3 gehäufte TL Eisenkrauttee (Verveine, Verbena, Kraut von Lippia citriodora)
gut 1/2 l Wasser
1 unbehandelte Limette
1/2 l weißer Traubensaft
4–6 weiße Pfefferkörner, 3–4 Pimentkörner

Zubereitung:

Den Eisenkrauttee in einer Kanne mit sprudelnd kochendem Wasser übergießen. Zehn Minuten ziehen lassen, dann in einen Topf abgießen. Inzwischen von der Limette am besten mit einem Sparschäler (Kartoffelschäler) die Schale in feinen Spiralen abschälen. Vier Stück davon für die Garnitur zurückbehalten, den Rest zum Tee in den Topf geben. Die Limette halbieren und den Saft auspressen, ebenfalls zum Tee schütten. Den Traubensaft und die Gewürzkörner zufügen. Erhitzen und 8–10 Minuten ziehen, aber nicht kochen lassen. Den Punsch in Becher oder hitzebeständige Gläser füllen, eine Limettenspirale über den Glasrand hängen und sofort servieren.

Die Limette können Sie selbstverständlich auch durch eine Limone oder Zitrone ersetzen.

Der Teepunsch lässt sich prima in die Thermoskanne abfüllen.

Teepunsch mit Weißwein

2 gehäufte TL Earl Grey Tee
1/2 l Wasser
1 unbehandelte Orange
6 Stückchen Würfelzucker
1/2 l Weißwein (z. B. Grauburgunder)
8 cl (4 Schnapsgläschen) Orangenlikör
eventuell noch etwas Zucker

Zubereitung:

Den Earl Grey Tee in einer Kanne mit kochendem Wasser überbrühen und 3 Minuten ziehen lassen. Durch ein Sieb in einen Topf abgießen. Die Orange rundum mit den Würfelzuckerstückchen abreiben. Die Zuckerwürfel zum Tee geben, den Weißwein und den Orangenlikör dazugießen. Bei milder Hitze erwärmen, aber nicht kochen lassen. Eventuell mit Zucker nochmals abschmecken. Gleich in Gläser oder Becher verteilen. Oder in einem großen Gefäß über einem Stövchen warm halten und mit einer Schöpfkelle immer wieder frisch in Gläser oder Becher verteilen.

Der Teepunsch eignet sich auch zum Abfüllen in eine Thermoskanne.

Eierpunsch

4 ganze Eier und 4 Eigelb
150 g Zucker
1/2 l Weißwein (z. B. Riesling oder Silvaner)
1/8 l Wasser
abgeriebene Schale und Saft von je einer unbehandelten Zitrone und Orange
1/8 l Cognac

Zubereitung:

Die Eier mit dem Eigelb in eine große Schüssel (am besten aus Metall) füllen. Den Zucker dazugeben und alles mit einem Schneebesen (oder den Schneebesen des Handrührers) dick cremig schlagen. Weißwein, Wasser, die abgeriebene Zitronen- und Orangenschale, sowie den Saft zufügen. Den Cognac unterrühren. Die Schüssel über ein heißes Wasserbad setzen und den Eierpunsch erhitzen. Dabei ständig mit dem Schneebesen aufschlagen, bis die Masse ganz schaumig und heiß ist.

In große vorgewärmte Tassen oder Becher füllen und sofort servieren.

Russischer Eierpunsch

4 Eigelb, abgeriebene Schale von 1/2 unbehandelten Zitrone, 125 g Puderzucker, 1/2 l Sahne, 1/8 l Rum, eine Prise grob gestoßener schwarzer Pfeffer

Zubereitung:

Die Eigelbe mit der Zitronenschale und dem Puderzucker in einen Schlagkessel aus Edelstahl geben. Mit den Schneebesen des Handrührers ganz cremig schlagen. Den Kessel über ein heißes Wasserbad setzen und auf kleinster Stufe weiter schlagen. Langsam die Sahne und den Rum dazugießen.

Den Punsch über dem Wasserbad schlagen, bis er heiß ist. Auf keinen Fall kochen lassen, da sonst das Eigelb gerinnt. Den heißen Punsch in vorgewärmte hitzebeständige Becher oder Gläser füllen.

Mit etwas grobem Pfeffer bestreuen und sofort servieren.

Die schwarzen Pfefferkörner lassen sich in einem kleinen Handmörser prima zerstoßen. Oder Sie legen die Körner auf ein Holzbrett, stellen einen schweren Topf darauf und zerdrücken die Körner durch behutsames Drücken und Hin- und Herwiegen des Topfes.

Champagnerpunsch

200 g Zucker
1/2 l Wasser
3 Zitronen
1/4 l weißer Rum
1/2 Fl. Champagner (0,375 l)

Zubereitung:

Den Zucker zusammen mit dem Wasser erhitzen, einmal sprudelnd aufkochen lassen. Von einer Zitrone die Schale dünn abschälen. Das geht am besten mit einem Sparschäler. Den Saft von allen Zitronen auspressen. Zitronenschale und -saft und den Rum zum Zuckerwasser geben. Erhitzen, bis die Flüssigkeit fast kocht, dann erst den Champagner dazugießen. Rasch weiter erwärmen, aber nicht aufkochen lassen. Sofort in hitzebeständige Gläser füllen und servieren.

Orangenpunsch

3 unbehandelte Orangen
100 g Würfelzucker
1/2 l Wasser
1 Zitrone
1/2 l Weißwein
8 cl Rum

Zubereitung:

Die Orangen mit den Zuckerstückchen abreiben, so dass möglichst viel vom Schalenaroma von dem Würfelzucker aufgenommen wird. In einen Topf geben, mit dem Wasser auffüllen und unter Rühren erwärmen, bis sich der Zucker aufgelöst hat. Die Orangen und die Zitrone auspressen und den Saft ebenfalls in den Topf füllen. Weißwein und Rum zufügen. Alles erhitzen, aber nicht kochen lassen. Ganz heiß in Portionsgläser füllen und sofort servieren.

Die Hälfte des Rums können Sie nach Belieben auch durch Orangenlikör ersetzen. Dadurch wird der Orangengeschmack noch intensiver.

Fruchtiger wird der Punsch, wenn Sie ihn mit Orangenfilets servieren. Dafür werden bei 2 Orangen mit einem ganz scharfen Messer oben und unten je die Kappen abgeschnitten. Die Orangen dann mit der Schnittfläche auf das Arbeitsbrett setzen und die Schale bis aufs Fruchtfleisch von oben nach unten abschneiden. Die Orange dann in die Hand nehmen und zwischen den feinen Häutchen die Fruchtfilets heraustrennen. Dabei am besten über einer Schüssel arbeiten, damit man den austretenden Saft auffangen kann. Die Filets zusammen mit dem Saft in einem Topf vorsichtig erwärmen, in die Portionsgläser verteilen und mit dem heißen Punsch übergießen.

Grenadine-Punsch

1 Granatapfel
3/8 l Grenadine **(Granatapfellikör)**
1/8 l Wodka
ausgepressten Saft von 3 Limetten
ca. 1/2 l Wasser

Zubereitung:
Den Granatapfel mit einem scharfen Messer quer halbieren. Die Kerne vorsichtig mit einem Löffel herauslösen und in eine Schüssel geben.In einem Topf den Likör mit dem Wodka und dem Limettensaft erhitzen, aber nicht kochen lassen.

In eine feuerfeste Glaskanne oder ein ähnliches Gefäß füllen und über ein Stövchen setzen. Die Mischung mit kochend heißem Wasser auffüllen. Die Granatapfelkerne einrühren und darin erwärmen. Den Punsch mit einer Schöpfkelle in Gläser füllen, dabei die Kerne mit ins Glas geben.

Vorsicht: Die Granatapfelkerne platzen beim Herauslösen sehr leicht auf, spritzen und hinterlassen auf der Kleidung ziemlich hässliche Flecken! Deshalb am besten mit einer Schürze arbeiten.

Glühwein

Rezepte:

* *Weißer Glühwein*
* *Glühmost*
* *Heiße Sangria*
* *Glühwein mit Port und Feigen*
* *Asiatischer Glühwein*
* *Klassischer Glühwein*
* *Heißer Franzose*

Glühwein

Wein, der glüht, weil er schön heiß ist – oder Wein, der einen zum Glühen bringt? Sicherlich beides richtig. Und Glühwein wirkt immer zweimal: das erste Mal im Glas oder Becher, wenn man sich die Hände daran wärmen kann; ein zweites Mal, wenn`s einem beim Trinken dann innerlich so richtig schön warm wird. Wichtig bei der Zubereitung ist nur eines: Den Wein niemals sprudelnd aufkochen lassen, sondern nur bis kurz vor dem Siedepunkt erhitzen!

Warenkunde Wein

Schon vor 3500 Jahren wurde in Vorderasien und Ägypten Wein angebaut. Ob uns dieser Wein allerdings geschmeckt hätte ist fraglich. Inzwischen ist die Herstellung in allen Schritten doch sehr verfeinert worden.
Nach der Lese werden die Trauben entrappt, das heißt, die Beeren vom Traubenstiel gelöst und dieser entfernt. Dann werden die Beeren sanft zerdrückt, der erste Most läuft ab.
Der Beerenbrei (Maische) wird anschließend gepresst. Der entstandene Most wird im Fass gegärt. Um die sich am Boden abgesetzte Hefe zu entfernen, wird der Wein in neue Fässer abgezogen, in denen er nun nachgegärt wird. Die Lagerung des Weines dauert anschließend mindestens 3–9 Monate, dann kann abgefüllt werden.

Man unterscheidet: **Weißwein**, **Rotwein** und **Rosé**, wobei dieser Wein kein Mischwein aus Weiß- und Rotwein ist, sondern aus beiden Traubensorten hergestellt werden kann. Dabei bleiben die Schalen nur für eine gewisse Zeit im Most, so dass sie nur wenig Farbe abgeben können.

Wein wird in verschiedenen Qualitätsstufen angeboten, zum Beispiel als **Tafelwein**, **Landwein** und **Qualitätswein**. Die deutschen Qualitätsweine werden je nach Zuckergehalt des Mostes (Öchsle) in Kabinett, Spätlese, Auslese oder Beerenauslese unterschieden.

Seit einigen Jahren findet man auch folgende Bezeichnungen:
Selection für trocken ausgebaute Weine aus gebietstypischen Rebsorten
Classic für anspruchsvolle Weine aus gebietstypischen Rebsorten in gehobener Qualität

Das **Etikett** gibt Auskunft über die Qualitätsstufe (bei Qualitätsweinen zusätzlich ein Amtliche Prüfnummer)
Anbaugebiet
Alkoholgehalt
Flascheninhalt
Abfüller
Freiwillig sind die Angaben über die Rebsorte und den Jahrgang. Wenn diese Angaben gemacht werden, so müssen mindestens 85 % der Rebsorte, sowie ebenfalls 85 % des angegebenen Jahrgangs in der Flasche enthalten sein.

Weißer Glühwein

2 unbehandelte Limonen oder Zitronen
1/2 l Weißwein
3/8 l Apfelsaft
4 Pimentkörner
6 weiße Pfefferkörner
Zucker nach Belieben

Zubereitung:
Die Limonen oder Zitronen in Spalten schneiden. Mit dem Weißwein, dem Apfelsaft, Piment-und Pfefferkörnern in einen Topf geben. Den Glühwein erhitzen, aber nicht aufkochen lassen. Mit Zucker abschmecken und ganz heiß servieren.

Zum Abfüllen in eine Thermoskanne den Glühwein am besten durch ein Sieb abgießen.

Glühmost

1 l Birnen- oder Apfelmost
2 Zimtstangen
2 Kardamomkapseln
(gibt es in der Apotheke)
1 unbehandelte Zitrone
2–3 EL Blütenhonig

Zubereitung:

Den Most zusammen mit dem Zimt und den Kardamomkapseln in einen Topf füllen. Die Zitrone mit einem ganz scharfen Messer in feine Spalten schneiden. Ebenfalls in den Topf geben und den Most erwärmen. Er soll schön heiß sein, darf aber auf keinen Fall kochen. Nach Belieben mit dem Honig abschmecken, in Becher füllen und gleich servieren.

Noch fruchtiger wird der Glühmost, wenn Sie ihn (je nach Most) mit einer Birne oder einem Apfel zubereiten. Dafür das Obst schälen, vierteln und das Kernhaus entfernen. Das Fruchtfleisch in kleine Würfel schneiden. Mit 2 cl Birnen- oder Apfelschnaps beträufeln und durchziehen lassen, solange der Most erhitzt wird. Die Fruchtwürfel erst kurz vor dem Ser-vieren im Glühmost erwärmen.

Ohne Fruchtwürfel eignet sich der Glühmost auch zum Abfüllen in die Thermoskanne.

Heiße Sangria

2 unbehandelte Orangen
1 unbehandelte Zitrone
1 rosa Grapefruit
8 cl (4 Schnapsgläschen) **Orangenlikör**
3/4 l leichter Rotwein

Zubereitung:
Die Orangen und die Zitrone längs halbieren, dann in Scheiben schneiden. Von der Grapefruit jeweils oben und unten eine Kappe bis auf das Fruchtfleisch abschneiden. Mit der Schnittfläche auf das Arbeitsbrett legen und nun streifenweise mit einem ganz scharfen Messer die Schale von oben nach unten abschneiden, Auch die weiße Haut muss mit entfernt werden. Die Grapefruit nun in die Hand nehmen und mit einem Messer die Fruchtfilets zwischen den Häutchen herausschneiden. Dabei am besten über einer Schüssel arbeiten, damit man den austretenden Saft auffangen kann. Orangen-und Zitronenscheiben dazugeben und alles mit dem Orangenlikör übergießen. Zugedeckt eine halbe Stunde durchziehen lassen.

In einen Topf geben und mit dem Rotwein auffüllen. Die Sangria erhitzen, aber nicht kochen lassen. In ein großes feuerfestes Gefäß füllen und über ein Stövchen setzen. Ganz heiß servieren.

Glühwein mit Port und Feigen

Zubereitung:

Die Feigen vierteln. Mit dem Portwein in einen kleinen Topf geben. Den Deckel auflegen und die Feigen bei milder Hitze in etwa 20 Minuten weich dünsten. Von der Orange die Schale mit einem Sparschäler spiralförmig abschälen. Vier Schalenstücke zum Dekorieren beiseite legen, den Rest zu den Feigen geben. Die Gewürze ebenfalls zufügen und mit dem Rotwein auffüllen. Erhitzen, aber nicht aufkochen lassen. Den portugiesischen Glühwein ganz heiß in Gläser oder Becher füllen. Mit der Orangenschale dekorieren und mit einem Löffel servieren, damit man die Feigenstücke herausfischen und essen kann.

200 g getrocknete Feigen, 0,2 l roter Portwein, 1 unbehandelte Orange 2 Zimtstangen, 6 Pimentkörner, 1/2 l kräftiger portugiesischer oder spanischer Rotwein, eventuell etwas Zucker

Asiatischer Glühwein

50 g frischer Ingwer
3–4 Stängel Zitronengras
1 unbehandelte Limone oder Zitrone
1/2 l Apfelwein
1/2 l Weißwein
Kandiszucker nach Belieben

Zubereitung:

Den Ingwer schälen und in feine Scheiben schneiden. Das Zitronengras kurz mit kaltem Wasser überbrausen,in etwa 12 Zentimeter lange Stücke schneiden. Die Limone oder Zitrone in Scheiben schneiden. Apfelwein, Weißwein, die vorbereiteten Gewürze und die Zitrusscheiben in einen Topf geben. Die Mischung erwärmen und bei milder Hitze 15 Minuten ziehen lassen. Ganz heiß servieren und Kandiszucker dazu reichen.

Frischen Ingwer und Zitronengras gibt es in Feinkostgeschäften, gut sortierten Supermärkten und auf jeden Fall in Asiengeschäften. In ein feuchtes Tuch eingewickelt hält sich beides mehrere Tage im Gemüsefach des Kühlschranks.

(Klassischer) Glühwein

1 unbehandelte Orange oder je 1/2 unbehandelte Orange und Zitrone, 1/2 l kräftiger Rotwein, 1/2 l schwarzer Johannisbeersaft, 1 Zimtstange je 4 Pimentkörner und Nelken, 2 Sternanis, nach Bedarf etwas Zucker

Zubereitung:

Die Orange oder Orange und Zitrone mit einem Sparschäler abschälen. Die Früchte mit einem scharfen Messer in dickere Scheiben schneiden. Schalen, Fruchtscheiben, Rotwein und Johannisbeersaft in einen Topf geben. Die Gewürze zufügen und alles erhitzen. Der Glühwein soll ganz heiß sein, darf aber nicht kochen. In Becher oder Gläser füllen und sofort servieren. Eventuell Zucker dazu reichen, damit sich jeder nach Geschmack bedienen kann.

Der Johannisbeersaft im Glühwein hat zwei Vorteile: Erstens wird der Alkoholgehalt etwas niedriger – und zweitens ist eigentlich kein Zucker zum Süßen nötig.

Heißer Franzose

2 Orangen und 1 Zitrone
8 cl Orangenlikör
1 Zimtstange
3/4 l französischer Landwein
4–5 EL Läuterzucker

Zubereitung:

Eine Orange halbieren, die Hälfte in vier dickere Scheiben schneiden und für die Garnitur beiseite stellen. Restliche Orangen und die Zitrone aus-pressen und den Saft in einen großen Topf geben. Orangenlikör, Zimt und Wein zufügen. Die Mischung erhitzen und zehn Minuten ziehen, aber nicht köcheln lassen. Mit Läuterzucker abschmecken und ganz heiß in hitzebeständige Gläser füllen. Die Orangenscheiben etwas einschneiden und über den Glasrand hängen.

Mit Läuterzucker lässt sich ganz rasch süßen. Er bietet sich auch immer dann an, wenn sich die Zuckerkristalle beim Einrühren nicht richtig auflösen würden. Zum Beispiel bei vielen Mixgetränken, oder bei Desserts. Dieser Zuckersirup lässt sich prima auf Vorrat herstellen: Zucker und Wasser zu gleichen Teilen (z. B. 250 g Zucker, 250 g Wasser = 1/2 l) in einem Topf zum Kochen bringen. Einmal sprudelnd aufkochen lassen, fertig. In eine Flasche abgefüllt hält sich der Läuterzucker mehrere Wochen.

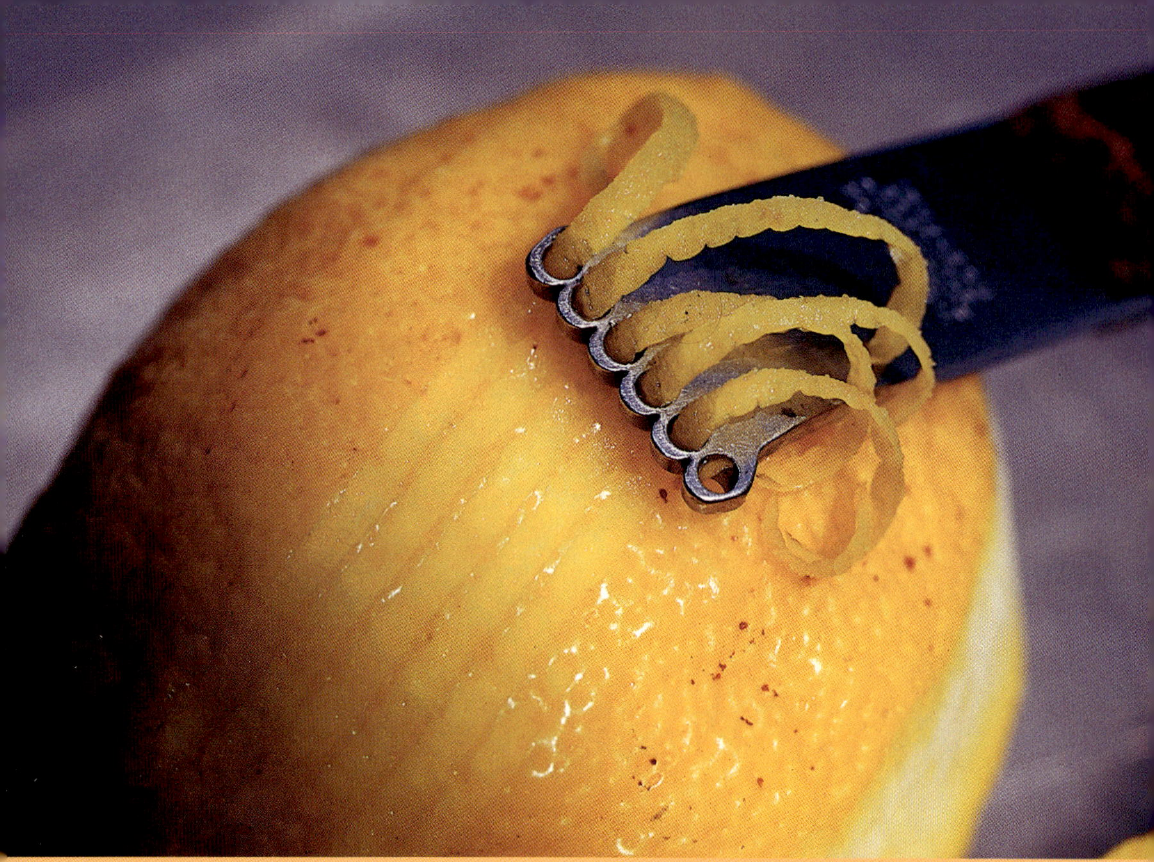

Fruchtcocktails

Rezepte:
**** Alkoholfreier Frucht-Cocktail***
**** Zitrus-Cocktail***
**** Holunder-Cocktail***
**** Kirschcocktail***

Frucht-Cocktails

Bei Frucht-Cocktails denkt man unwillkürlich an fruchtig frische Getränke, genossen auf einer Terrasse an einem lauen Sommerabend. Aber auch im Winter können diese vitaminreichen Drinks eine äußerst belebende Wirkung haben. Nur heiß müssen sie sein!

Lassen Sie sich von den folgenden Rezepten überraschen.

Warenkunde
Früchte- und Kräutertee

Viele dieser Tees sind im schon seit Jahrhunderten nicht nur für ihren guten Geschmack, sondern auch für ihre Heilwirkung bekannt. Die wichtigsten Teesorten sind bis heute:

* *Pfefferminze*
* *Kamille*
* *Hagebutte/Hibiskus*
* *Fenchel*
* *Rotbusch*
* *Hibiskus/Malve*

Daneben gibt es unendlich viele Mischungen von Kräuter- und Früchtetees, sowohl als losen Tee als auch in praktischen Aufgussbeuteln.

Besonders in der Winterzeit werden spezielle Mischungen mit besonderen Aromen angeboten: zum Beispiel ein ganz weihnachtlicher Tee aus Hibiskus, Weinbeeren, Holunderbeeren, mit Apfelschalen, Zimt und Nelken aromatisiert. Oder ein Rotbuschtee mit Zimt und Nelken, Orangenschalen, Vanillestückchen und Kardamom. Nicht zu verwechseln sind diese Tees mit einem aromatisierten Schwarztee. Hier sind die natürlichen Bestandteile enthalten, durch die der Tee dann sein spezielles Aroma erhält! Schauen Sie sich im Teeladen um, was sich da alles bietet, ob die Mischung nun Bratapfel, Wintertraum oder Zimtstern heißt. Auch die Apotheke bietet hier immer eine sehr gute Auswahl. Und die entsprechende Beratung bekommen Sie hier gratis dazu!

Wichtig für die Zubereitung: Den Tee immer mit sprudelnd kochendem Wasser aufgießen! Und als Faustregel gilt: 1 Teelöffel Tee oder 1 Aufgussbeutel pro Tasse!

Bei losem Tee kurz auf die Dosierungsanleitung schauen, denn von Sorte zu Sorte kann die Menge variieren. Das Gleiche gilt für die Ziehzeit. Meistens reichen 5 Minuten, bei manchen Sorten dürfen es aber auch mal 10 Minuten sein.

Alkoholfreier Frucht-Cocktail

Je 1/4 l Orangensaft, Grapefruitsaft und Apfelsaft
6 cl (3 Schnapsgläschen) **Johannisbeersirup**
Saft von 1 Zitrone
3 Eier
4–6 EL Läuterzucker (siehe Seite 41)

Zubereitung:
Alle Säfte in einen hohen Topf füllen. Sirup, Zitronensaft und die Eier zufügen. 3 Esslöffel Läuterzucker zufügen. Alles mit dem Pürierstab kräftig durchmixen, die Masse wird dabei leicht schaumig. Nun langsam erwärmen, immer wieder mit einem Schneebesen durchschlagen. Den heißen Cocktail nochmals mit dem Pürierstab aufmixen, mit Läuterzucker abschmecken und sofort in Gläsern servieren.

Zitrus-Cocktail

6 Mandarinen, 2 unbehandelte Zitronen, 8 cl (4 Schnapsgläschen) Wodka, 1/2 l Wasser, einige Rosmarinnadeln, 4 gehäufte TL weißer Kandiszucker

Zubereitung:

Die Mandarinen halbieren und den Saft auspressen. Von einer Zitrone die Schale fein abreiben und zum Mandarinensaft geben. Von der zweiten Zitrone die Schale mit einem Sparschäler spiralförmig abschälen und für die Garnitur beiseite legen. Nun alle Zitronen auspressen und den Saft mit dem Wodka ebenfalls zum Mandarinensaft geben. Alles gut durchrühren und in einem Topf erwärmen, aber nicht zu stark erhitzen. Das Wasser inzwischen zum Kochen bringen. Die warme Saftmischung in hitzebeständige Gläser füllen, Rosmarin und Kandiszucker zufügen und mit dem kochend heißen Wasser auffüllen. Die Zitronenspirale über den Glasrand hängen und sofort servieren, dabei jeweils einen Löffel zum Umrühren anlegen.

Holunder-Cocktail

1/2 l Hagebuttentee (aus Teebeuteln oder einer Teemischung zubereitet)
1/2 l Holundersaft (z. B. aus dem Reformhaus)
einige schwarze Pfefferkörner
2–3 EL Orangen- oder Akazienblütenhonig
Nach Belieben 4 cl (2 Schnapsgläschen) **Holunderlikör**

Zubereitung:

Den Hagebuttentee zusammen mit dem Holundersaft in einen Topf füllen. Die Pfefferkörner grob zerstoßen oder in der Pfeffermühle ganz grob mahlen. Zur Teemischung geben. Alles bis kurz vor dem Kochen erhitzen.

Mit dem Blütenhonig abschmecken und eventuell noch den Holunderlikör unterrühren. Den Holunder-Cocktail ganz heiß servieren.

Die Pfefferkörner lassen sich auf folgende Weise ganz leicht grob zerstoßen: Auf ein Arbeitsbrett legen, einen schweren Topf darauf stellen und fest aufdrücken, dabei leicht hin- und herwiegen. Wenn Sie keinen Holunderlikör bekommen, können Sie ihn durch Kirschlikör ersetzen.

Der Holunder-Cocktail eignet sich auch zum Abfüllen in die Thermoskanne.

Kirschcocktail

1 Glas Sauerkirschen (720 ml)
1/2 l Weißwein oder Rotwein
2 Sternanis
einige ganze Nelken
1 unbehandelte Zitrone
4 cl (2 Schnapsgläschen) **Kirschwasser**
ca. 60 g Kristallkandis

Zubereitung:

Die Sauerkirschen in einem Sieb abtropfen lassen, den Saft dabei in einem Topf auffangen. Den Wein zum Saft in den Topf geben, die Gewürze zufügen. Erhitzen, aber nicht aufkochen lassen. Die Zitrone waschen und quer in Scheiben schneiden. Vier Scheiben zum Garnieren beiseite legen, die übrigen in die Saft-Wein-Mischung geben und darin ziehen lassen. Anschließend die Gewürze und die Zitronenscheiben mit einem Schaumlöffel oder einem kleinen Sieb herausfischen und entfernen. Die Mischung nochmals erhitzen und ganz nach Belieben einige der Sauerkirschen zufügen. Einige Kirschen auf Zahnstocher spießen und für die Verzierung beiseite legen. Das Kirschwasser in den Cocktail rühren, gleich in vorgewärmte Gläser füllen und mit den Kirschspießchen servieren. Dazu Kandiskristalle reichen, damit sich jeder den Cocktail nach seinem Geschmack süßen kann.

Kaffeedrinks

Rezepte:

* *Türkischer Kaffee*
* *Kardamom-Kaffee*
* *Zimt-Kaffee*
* *Caffee Latte Caro*
* *Kirschkaffee*
* *Zebra-Drink*
* *Irish Coffee*

Kaffee-Drinks

Kaffee ist eines der klassischen »Heißgetränke« überhaupt. Und es geht einfach nichts über die belebende Tasse Kaffee zum Frühstück oder das Kännchen Kaffee zur Kuchentafel. Wie Sie den Kaffeegenuss aber immer wieder anders inszenieren und genießen können, zeigen Ihnen unsere Rezepte.

Warenkunde Kaffee

Die Kaffeebohnen, die wir kennen, sind die Kerne der reifen roten Frucht des *Coffea*-Strauches. Jede Frucht, die sogenannte **Kaffeekirsche**, enthält zwei dieser kleinen Kerne.

Der Ursprung dieser Pflanzen lag in Afrika, heute wird die *Coffea*-Pflanze in mehr als 50 Ländern der Tropen und Subtropen angebaut. Die Hauptsorten sind *Coffea arabica* und *Coffea* robusta.

Die **Arabica-Pflanze** kann bis zu 4 Meter hoch wachsen, wird aber durch ständigen Schnitt in Strauchform niedrig gehalten. Sie kann auch in klimatisch kälteren Zonen angebaut werden. Die **Robusta-Pflanze** dagegen ist kälteempfindlicher und wächst hauptsächlich in der Nähe des Äquators. Die Erntezeit dort liegt zwischen 10–12 Wochen, da nicht alle Kirschen gleichzeitig reif werden.

Nach der Ernte der Kirschen werden die Bohnen entweder durch eine trockene oder eine nasse Aufbereitung aus dem Fruchtfleisch und den Schalen der Kirschen gelöst. Anschließend getrocknet und dann erst in alle Welt versandt.

Natürlich haben Klima, Bodenbeschaffenheit, Pflanzensorte etc. schon einen großen Einfluss auf den Kaffeegeschmack, wie wir ihn dann erleben. Aber genauso wichtig ist die **Mischung** der Sorten und ganz entscheidend die **Röstung** der Bohnen. Hier wird die Feinarbeit geliefert, die über das Aroma entscheidet.

Natürlich geben frisch geröstete und erst kurz vor dem Zubereiten gemahlene Bohnen den aromatischsten Kaffee. So paradiesisch geht`s leider nicht immer zu. Aber wenn Sie können, kaufen Sie einmal frisch gerösteten und gemahlenen Kaffee. Im Anhang des Buches finden Sie eine Liste von Kaffeeröstern.

Ganz wichtig ist auch die richtige **Aufbewahrung** des Kaffees. Kühl und trocken, also luftdicht verpackt sollte man ihn lagern. Denn Sauerstoff und Feuchtigkeit verderben das Aroma.

Und ein weiterer wichtiger Punkt: der Kaffee muss entsprechend der Zubereitung **gemahlen** werden. Das heißt, dass für einen gefilterten Kaffee die Bohnen etwas feiner, für einen im Kaffeedrücker zubereiteten Kaffee etwas gröber gemahlen werden müssen. Aber allzu

fein gemahlenes Kaffeepulver lässt das Wasser zu lange im Filter stehen, manchmal verstopft der Filter sogar und der Kaffee fließt zu langsam ab. Dadurch werden auch unerwünschte Stoffe gelöst, der Kaffee schmeckt leicht bitter. Ist das Pulver dagegen zu grob, läuft das heiße Wasser zu rasch durch – eine dünne »Plörre« ist das Ergebnis.

Übrigens: Für eine Tasse rechnet man 6–8 g Kaffeepulver!

Für die ganz schnelle Tasse Kaffee bietet sich löslicher Kaffee an, den es als puren Kaffee, in aromatisierten Varianten, Espresso oder diversen anderen Zubereitungen gibt.

Und wenn Sie noch mehr Informationen zum Kaffee haben möchten: Ins Internet und unter **www.kaffeeverband.de** nachschauen.

Türkischer Kaffee

4 gehäufte TL Kaffee
4 TL Zucker
knapp 1/2 l Wasser
4 cl (2 Schnapsgläschen) Kaffeelikör
4 Kandisstäbchen

Zubereitung:
Den Kaffee mit dem Zucker in eine Kanne geben. Das Wasser aufkochen, über den Kaffee gießen, umrühren und 3 Minuten ziehen lassen. Den Kaffee durch ein Sieb abgießen und in vorgewärmte Tassen oder Gläser verteilen. Jeweils etwas Kaffeelikör dazugießen und sofort servieren.

Zum Nachsüßen kleine Kandisstäbchen dazu reichen.

Kardamom-Kaffee

1 Kardamom-Kapsel, ersatzweise 1/2 TL gemahlener Kardamom
4 cl (2 Schnapsgläschen) Cognac oder Weinbrand
4 Tassen frisch zubereiteter heißer Kaffee
4 TL Honig

Zubereitung:

Die Kardamomkapsel in einem Mörser mit dem Stößel grob zerdrücken. Den zerstoßenen oder gemahlenen Kardamom in vier vorgewärmte Tassen verteilen. Den Cognac oder Weinbrand zufügen und mit dem ganz heißen Kaffee aufgießen. Jeweils mit dem Honig süßen und sofort servieren.

Kardamomkapseln bekommen Sie auf jeden Fall in der Apotheke.

Die Tassen können Sie ganz schnell vorwärmen, indem Sie sie mit heißem Wasser füllen und erst kurz vor dem Servieren wieder ausleeren.

Zimt-Kaffee

1/2 TL Zimtpulver, 4 Kaffeemaß-Löffel gemahlener Bohnenkaffee, 1 winzige Prise Salz, knapp 1/2 l Wasser, Muskatnuss, gemahlener Zimt, nach Belieben weißer oder brauner Zucker, 4 Stückchen Stangenzimt

Zubereitung:

Aus Zimtpulver, Bohnenkaffee, Salz und Wasser in der Kaffeemaschine oder im Kaffeedrücker einen starken Kaffee zubereiten.

Den Kaffee in große vorgewärmte Tassen verteilen. Mit etwas frisch geriebener Muskatnuss und Zimtpulver bestreuen. Sofort servieren und den Zucker zum Süßen dazu reichen.

Nach Belieben die Gläser oder Tassen mit den Zimtstangen verzieren.

Caffee Latte Caro

6 gehäufte EL Caro-Kaffee (Kaffee-Ersatz, Fertigprodukt)
1/2 l Wasser
4 gehäufte TL Rohrzucker
1/2 l Milch
etwas gemahlener Zimt, eine Prise Caropulver

Zubereitung:

Den Caro-Kaffee in einer Kanne mit dem heißen Wasser übergießen, gut umrühren und zuckern. Die Kanne verschließen oder abdecken und den Kaffee kurz warm halten. Die Milch aufkochen und gründlich aufschäumen. Den Kaffee in vorgewärmte Gläser oder Becher verteilen und mit dem Milchschaum aufgießen. Mit Zimt und Caro-Pulver bestreuen und sofort servieren.

Kirschkaffee

100 ml Sahne
1/2 TL Vanillezucker
8 Stück Würfelzucker
8 cl (4 Schnapsgläschen) Kirschwasser
1/2 l starker schwarzer Kaffee, frisch zubereitet
ganz wenig Kakaopulver

Zubereitung:
Die Sahne mit den Schneebesen des Handrührers ganz steif schlagen und mit dem Vanillezucker süßen. Den Würfelzucker in vier feuerfeste Tassen verteilen. Jeweils mit 2 cl Kirschwasser übergießen. Anzünden und abbrennen lassen. Mit dem heißen Kaffee aufgießen, die Sahne als Haube obenauf setzen und mit ganz wenig Kakao bestäuben. Sofort servieren.

Zebra-Drink

4 EL Schokoladensauce (Fertigprodukt)
4 doppelte Espressi, frisch gedrückt oder aus Instantpulver zubereitet
8 cl (4 Schnapsgläschen) Kaffeelikör
1/2 l heiße Milch
4 TL Zucker

Zubereitung:
Die Schokoladensauce auf vier hitzebeständige hohe Gläser verteilen. Die Gläser nun so schwenken, dass die Sauce spiralförmig am Glasrand entlang läuft. Zuerst den heißen Espresso, dann den Likör und zum Schluss die heiße Milch einfüllen. Sofort servieren. Den Zucker getrennt dazu reichen.

Irish coffee

Zutaten pro Person:

1 TL Zucker
2 EL irischer Whisky
1 Tasse starker frisch gekochter Kaffee
1 gehäufter EL geschlagene Sahne

Zubereitung:

Den Zucker mit dem Whisky in eine feuerfeste Tasse oder Glas geben. Anzünden und abbrennen lassen. Mit dem heißen Kaffee aufgießen und das Sahnehäubchen obenauf setzen. Sofort servieren.

Wenn Sie diesen Kaffee statt mit Whisky mit Rum zubereiten wird daraus ein »Pharisäer«. Weniger »fett« werden diese beiden Kaffeespezialitäten, wenn Sie statt der geschlagenen Sahne aufgeschäumte Milch verwenden.

Milchdrinks

Rezepte

*** Sanddornmilch mit Krokantstreuseln**
*** Nougatmilch mit Schoko**
*** Orangenmilch**
*** Heiße Milch mit Brandy**
*** Kokosdrink**
*** Latte amaretto**
*** Teetrüffel-Schaum**
*** Mandelmilch**
*** Pistazienschaum**

Milch-Drinks

Diese Drinks sind echte »Seelenschmeichler«. Wahrscheinlich, weil Milch für fast alle von uns das allererste Getränk war. Und damit wohl sehr glückliche Erinnerungen verbunden sind. So erfrischend die Milch in kaltem Zustand ist, so beruhigend sanft wirkt sie, wenn sie heiß serviert wird. Gönnen Sie sich ruhig öfter mal einen der folgenden Drinks. Sie werden spüren, wie das warme Weiß Leib und Seele trösten kann.

Warenkunde Milch / Sahne

Das Getränk, das nicht nur müde Männer munter macht – sie ist ein richtiges Allround-Getränk. Beim Einkaufen haben Sie die Wahl zwischen mehreren Varianten:
Rohmilch – sie gibt es nur direkt beim Erzeuger. Und es wird empfohlen, sie vor dem Genuss abzukochen, um Keime abzutöten.
Vorzugsmilch – wird von ausgesuchten Erzeugern, meist in Direktvermarktung, angeboten. Sie unterliegt strengen hygienischen Auflagen.
Normale Konsummilch – sie wird pasteurisiert, d.h. erhitzt und rasch wieder gekühlt, um ein keimfreies Getränk zu erhalten. Gleichzeitig verlängert sich dadurch ihre Haltbarkeit auf 10–12 Tage.
H-Milch – wird ultrahocherhitzt auf über 135 Grad Celsius, ist dadurch auch ungekühlt bis zu 8 Wochen haltbar.

Außerdem wird Milch immer mit unterschiedlichem Fettgehalt angeboten:
Vollmilch gibt es mit natürlichem Fettgehalt (mindestens 3,8 %) und mit einem Fettgehalt der auf 3,5 % eingestellt wird.
Fettarme Milch wird mit einem Fettgehalt zwischen 1,5 % und 1,8 % angeboten und **Magermilch** hat lediglich 0,3 % Fett.

Zusätzlich zur Wärmebehandlung wird die industriell verarbeitete Milch immer auch **homogenisiert**. Dabei wird das Milchfett in möglichst kleine Fettkügelchen umgewandelt. Der Geschmack wird homogener und voller und es kann sich nicht so schnell eine dicke Rahmschicht auf der Milch absetzen.

Wählen Sie für die heißen Getränke die Milchsorte ganz nach Ihrem Belieben aus. Lediglich, wenn Sie Milch aufschäumen wollen, sollten Sie unbedingt zur H-Vollmilch greifen. Egal, ob Sie diese Milch mit der Dampfdüse der Espressomaschine, mechanisch mit dem Milchschäumer oder mit dem quirlartigen Elektrogerät bearbeiten, ihr Schaum wird schön feinporig und sehr stabil.

Sahne – hat immer einen Fettgehalt von mindestens 30 %, sie entsteht bei der Herstellung von Milch und Milchprodukten. Bei Rohmilch ist Sahne genau das, was sich dick auf der Oberfläche absetzt. Sahne sollte – wie Milch auch – immer gekühlt aufbewahrt werden. Vor allem wenn Sie sie steif schlagen wollen! Dann auch die Rührschüssel vorher kurz kühlen – es gelingt einfach besser!
Kaffeesahne hat nur einen Fettgehalt von etwa 10 %. Sie ist pasteurisiert, homogenisiert und lässt sich nicht aufschlagen.

125 ccm

Sanddornmilch mit Krokantstreuseln

100 g Zucker
50 g kernige Vollkornhaferflocken
1/2 l Vollmilch
1/8 l Sanddornmark (aus dem Reformhaus oder dem Naturkostladen)
4 EL Heidehonig
einige Spritzer Zitronensaft

Zubereitung:

Den Zucker in einer kleinen Pfanne schmelzen lassen. Sobald er sich ganz aufgelöst hat und schon leicht braun gefärbt hat, die Haferflocken zufügen und alles gründlich vermischen. Die Masse auf ein Stück Backpapier gießen und vollkommen abkühlen lassen. Anschließend in kleine Stücke brechen und im Mixer grob zerkleinern. Dabei den Mixer nicht am Stück laufen lassen, sondern nur sekundenweise einschalten, damit die Streusel nicht zu fein werden.

Die Vollmilch mit dem Sanddornmark in einen Topf geben. Erhitzen und mit dem Pürierstab gut durchmixen, die Mischung mit dem Honig und etwas Zitronensaft abschmecken. Ganz heiß in vorgewärmte Becher füllen, mit etwas Haferflocken-Krokant bestreuen und sofort servieren.

Nougatmilch mit Schoko

1 l Vollmilch
6 EL Nuß-Nougat-Creme
abgeriebene Schale einer halben unbehandelten Orange
2 EL Schokoladenspäne oder Schokoladenraspel

Zubereitung:
Die Milch einmal aufkochen lassen, dann die Nuss-Nougat-Creme hineinrühren und die Mischung mit einem Schneebesen kräftig durchschlagen. Mit der Orangenschale würzen. Die heiße Milch in vorgewärmte Becher oder Gläser füllen, mit den Schokospänen oder -raspeln bestreuen und sofort servieren.

Orangenmilch

2 unbehandelte Orangen
1 l Milch
2–3 TL Orangenblütenhonig
nach Belieben 4 cl
(2 Schnapsgläschen) Orangenlikör

Zubereitung:
Die Orangenschale rundum abreiben und in einen Topf geben. Den Saft auspressen und zufügen. Die Milch dazugießen und alles mit dem Pürierstab durchmixen, bis die eventuell ausgeflockte Milch wieder ganz glatt ist. Die Milch erhitzen, mit dem Honig abschmecken und nach Belieben zusätzlich mit dem Orangenlikör parfümieren. Nochmals gut durchmixen und möglichst rasch servieren.

Die Schokoladenspäne lassen sich ganz leicht selber machen: eine Tafel Schokolade (Vollmilch oder Zartbitter, ganz nach Geschmack) nur zur Hälfte auspacken, damit man die Tafel besser anfassen kann. Mit einem Sparschäler von der schmalen Seite her nacheinander feine Späne abschälen.

Kühl stellen, damit die Späne nicht zu schnell schmelzen.Die Schokoraspel gibt es fix und fertig im Backregal zu kaufen.

Heiße Milch mit Brandy

1/2 l Milch
8 cl (4 Schnapsgläschen) Brandy
(Weinbrand oder Cognac)
4 EL Kastanienhonig
oder Waldhonig
Zimt zum Bestäuben

Zubereitung:
Die Milch in einem Topf erhitzen. Sie soll nicht zum Kochen kommen, vor allem, wenn Sie keine Haut auf der Milch lieben. Die heiße Milch in vier vorgewärmte Becher verteilen, den Brandy und den Honig einrühren. Mit ganz wenig gemahlenem Zimt bestreuen und gleich servieren.

1/2 l Milch	*Zubereitung:*
1/4 l Kokosmilch (im Asienladen erhältlich)	Die Milch mit der Kokosmilch und dem Likör erhitzen. Mit dem Zucker abschmecken. Die Sahne ganz steif schlagen, den Kakao unterheben. Die heiße Kokosmischung in hitzebeständige Gläser füllen, etwas Schokosahne darauf geben und mit Kokosraspeln bestreuen. Sofort servieren.
8 cl (4 Schnapsgläschen) **Kokoslikör**	
etwas Zucker	
1/8 l Sahne	
1/2 TL Kakaopulver	
1 TL Kokosraspeln	

Kokosdrink

Latte amaretto

50 g Mandelblättchen
8 cl (4 Schnapsgläschen) Amaretto
3/4 l Milch
3–4 TL Vollrohrzucker

Zubereitung:
Von den Mandelblättchen einen knappen Esslöffel in eine kleine Pfanne geben und bei milder Hitze goldgelb rösten. Die übrigen Mandelblättchen in einem hitzebeständigen hohen Gefäß mit dem Amaretto übergießen und kurz durchziehen lassen. Die Milch zum Kochen bringen und über die Mandeln gießen. Alles gut mit dem Pürierstab durchmixen und dadurch auch etwas aufschäumen. Mit dem Vollrohrzucker abschmecken, nochmals durchmixen und sofort in vorgewärmte Becher füllen. Mit den gerösteten Mandeln bestreuen und rasch servieren.

Teetrüffel-Schaum

1/2 l Sahne
2 gehäufte TL Earl-Grey-Tee
100 g Zartbitter-Schokolade
1/2 l Milch
4 Kandisstäbchen

Zubereitung:

Die Sahne in einem großen Topf aufkochen lassen. Den Tee einstreuen und 15 Minuten darin ziehen lassen. Anschließend durch ein Sieb abgießen und in den gereinigten Topf zurückfüllen. Erwärmen, die Schokolade hineinbröckeln und die Milch dazugießen. Die Mischung ganz heiß werden lassen. Mit dem Pürierstab oder einem Milchaufschäumer kräftig aufschäumen. Den Teetrüffel-Schaum in vorgewärmte Becher oder Gläser füllen und zum individuellen Süßen die Kandisstäbchen dazureichen.

Eine interessante, ganz andere Geschmacksrichtung entsteht, wenn Sie statt des Earl-Grey-Tees einen russischen Rauch-Tee verwenden.

Mandelmilch

100 g Mandeln
1 l Milch
1 Zimtstange
2 gehäufte EL Zucker
4 Eigelb
eventuell Zucker zum Abschmecken

Zubereitung:

Die Mandeln in einer kleinen Pfanne ganz ohne Fett bei milder Hitze gut anrösten. Dabei ständig mit dem Pfannenwender durchrühren.

Die Mandeln abkühlen lassen, anschließend in der Küchenmaschine oder einer Mandelmühle ganz fein mahlen. Zusammen mit der Milch in einen Topf geben. Zimt und Zucker zufügen. Die Mischung erhitzen und 10 Minuten leise köcheln lassen. Den Topf vom Herd ziehen und die Zimtstange herausfischen. Das Eigelb in die Milch geben, mit dem Pürierstab gut durchmixen. Nochmals auf die Herdplatte stellen, aber nicht mehr kochen lassen, da sonst das Eigelb gerinnt. Eventuell nochmals mit Zucker abschmecken. In vorgewärmte Becher oder Gläser füllen und sofort servieren.

Pistazienschaum

50 g Pistazienkerne
25 g Pinien oder geschälte Mandelkerne
1/2 l Vollmilch
2–3 TL Akazienblütenhonig
(oder ein anderer Blütenhonig)
nach Belieben 2–3 EL Mandellikör
1 TL gehackte Pistazienkerne zum Verzieren

Zubereitung:

Die Pistazien-, Pinien- oder Mandelkerne im Mixer ganz fein mahlen. Ein Drittel der Milch zugießen und mitmixen. Die Mischung in einen Topf geben, die restliche Milch zufügen und alles erwärmen. Die Pistazienmilch mit Honig und eventuell Mandellikör abschmecken. Nochmals mit dem Pürierstab durchmixen oder mit dem Schneebesen kräftig aufschlagen. Ganz heiß in vorgewärmte Becher füllen, mit den gehackten Pistazien bestreuen und sofort servieren.

Schokodrinks

Rezepte:

* Schokolade mit Chili
* Heiße weiße Schokolade
* Heiße Schokolade mit Zimt und Muskat
* Schokmok
* Malzschokolade mit Cognac
* Heiße Schokolade
* Nougatmilch mit Zimt
* Whisky-Schokolade

Schokoladendrinks

Schon das Wort Schokolade allein löst ja schon Wohlbefinden aus. Und beim Anblick der schokoladigen Drinks meint man den zarten Schmelz schon auf der Zunge zu spüren. Und Sie werden merken: das sind pure Glücklichmacher!

Warenkunde Schokolade

Damit verbindet man ganz spontan: dunkles sattes Braun, Süße, zarten Schmelz! Und ist erst einmal ganz erstaunt, wenn man die Frucht des Kakaobaumes sieht: außen zwar braun, innen aber auf den ersten Blick nur wattiges Weiß!

In dieses Fruchtfleisch eingebettet liegen die Samenkerne (pro Frucht 25–50 Kerne). Und diese **Samenkerne** werden mitsamt dem Fruchtfleisch zur Gärung gebracht, das Fruchtfleisch verflüssigt sich, wird entfernt und die Samenkerne werden so fermentiert. Gestoppt wird diese Fermentation durch Hitze, dabei werden die Kerne getrocknet, in diesem Zustand dann als Rohkakao bezeichnet und so auch meistens verschifft. Angebaut wird Kakao nur rund um den Äquator in den heißesten Zonen der Erde.

Im Verarbeitungsland angekommen, werden die Bohnen gereinigt, anschließend geröstet. Durch Brechmaschinen werden sie aufgebrochen, die Außenschale wird entfernt. Jetzt erst werden die Kakaobohnen ganz fein zerkleinert, anschließend zu einer Kakaomasse zermahlen. Diese Masse enthält Fett, die so genannte **Kakaobutter**. Erst wenn diese Butter der Kakaomasse entzogen worden ist, hat man das uns geläufige Kakaopulver.

Um nun Schokolade herzustellen, benötigt man mehr Fett als die Kakaomasse ursprünglich enthält. Deshalb wird Schritt für Schritt zusätzliche Kakaobutter oder auch ein anderes pflanzliches Fett zugefügt, dazu je nach Schokoladensorte noch Milchpulver, Zucker oder Aromastoffe. Durch ständiges Mischen, Zerkleinern und Conchieren entsteht nun die Schokoladenmasse. Dabei ist das **Conchieren** eine der wichtigsten Produktionsstufen. Die Schokoladepaste wird gewalzt, erwärmt sich dabei durch innere Reibung, wird wieder und wieder gewalzt. Durch diesen mehrstündigen Prozess wird die Masse immer homogener und die Schokolade erhält ihren typischen Schmelz und ihr Aroma.

Für die Drinks und auch zum Backen verwenden Sie am besten Schokolade mit einem hohen Anteil an Kakao; und eher eine dunkle Bitterschokolade als eine helle Vollmilch-Variante. Der Geschmack ist bei den dunkleren Sorten einfach intensiver, und für die gewünschte Süße können Sie immer noch Zucker zufügen.

Wichtig ist auch, dass die **Schokolade zum Schmelzen** vorher immer möglichst fein zerkleinert wird. Denken Sie nicht: ach, das schmilzt doch sowieso. Große Brocken schmelzen einfach langsamer, dadurch kann der schon geschmolzene Anteil im Topf zu heiß werden, der enthaltene Zucker kristallisiert aus und Sie haben plötzlich hässliche Klümpchen in der Schokolade.

Schokolade mit Chili

125 g Zartbitter-Schokolade, 1 l Milch, 1 kleine Chilischote, 3–4 TL brauner Zucker

Zubereitung:

Die Schokolade in kleine Stücke hacken. In einem Topf etwa ein Drittel der Milch erhitzen, die Schokolade zufügen und unter Rühren schmelzen. Dann erst die übrige Milch dazugeben. Die Mischung weiter erhitzen, dabei mit einem Schneebesen kräftig durchschlagen. Die Chilischote fein hacken und zufügen. Die Schokolade mit dem Zucker abschmecken und ganz heiß servieren.

Wenn es nicht ganz so scharf sein soll: Die Chilischote längs aufschlitzen und die Kerne entfernen. Dann erst den Fruchtmantel hacken und zur Schokolade geben.

Achtung: Die Hände nach dem Berühren der Chilischote sofort gründlich mit Wasser und Seife waschen. Ansonsten kann es bei jedem Kontakt mit den Schleimhäuten (Auge, Nase) höllisch brennen!

Heiße weiße Schokolade

150 g weiße Schokolade oder Kuvertüre, 1 Zimtstange, 4 Pimentkörner, 1 unbehandelte Orange, 3/4 l Milch, nach Belieben 4 EL geschlagene Sahne, etwas Zimtpulver

Zubereitung:

Die Schokolade oder Kuvertüre mit einem großen Messer grob hacken. Zusammen mit der Zimtstange und den Pimentkörnern in einen Topf geben. Von der Orange ein Viertel der Schale fein abreiben und zufügen. Die Milch in den Topf füllen und alles bei milder Hitze erwärmen. Dabei immer wieder mit einem Schneebesen durchschlagen, damit nichts am Topfboden ansetzt und sich die Schokolade langsam auflöst. Sobald die Milch ganz heiß ist, durch ein Sieb in vorgewärmte Becher oder Gläser gießen. Nach Belieben mit einer Sahnehaube verzieren und mit ganz wenig Zimtpulver bestreuen. Sofort servieren.

Heiße Schokolade mit Zimt und Muskat

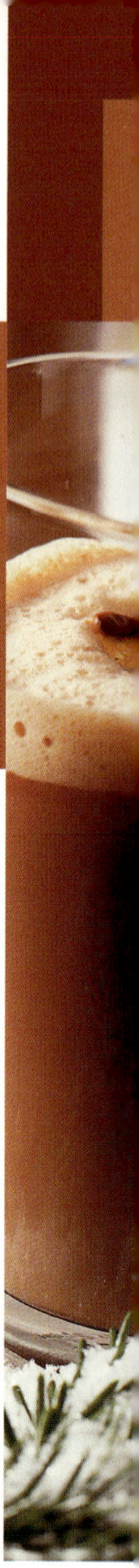

1 l Vollmilch
150 g Zartbitterschokolade
4 EL löslicher Kaffee
1/2 TL gemahlener Zimt
Muskatnuss
4–6 TL Vollrohrzucker

Zubereitung:

Die Milch in einem Topf aufkochen. Die Schokolade in der Zwischenzeit in kleine Stücke brechen. Zur Milch geben und unter Rühren auflösen. Den löslichen Kaffee und den Zimt unterrühren, mit einem Schneebesen gut durchschlagen. Die Schokolade mit frisch geriebener Muskatnuß kräftig würzen und mit Zucker abschmecken. Ganz heiß in vorgewärmte Becher oder Gläser füllen und gleich servieren.

Diese heiße Schokolade eignet sich gut zum Abfüllen in eine Thermoskanne.

Schokmok

4 gehäufte EL löslicher Kaffee oder Kaffeeersatzpulver
4 gestrichene EL Kakao oder Schokoladenpulver
1/8 l Wasser
1/2 l Vollmilch
je 1 gute Prise gemahlenen Zimt und Nelken
1/8 l Sahne
Kakao zum Bestäuben
4–6 EL Zucker

Zubereitung:

Das Kaffee-und Schokoladenpulver in eine große Kanne geben. Das Wasser erhitzen und das Pulver damit glattrühren. Die Milch aufkochen und dazugießen. Mit einem Schneebesen gründlich durchrühren. Mit Zimt und Nelken leicht würzen. Die Sahne steif schlagen. Die heiße Schokoladen-Kaffee-Mischung in vorgewärmte Becher füllen. Mit einer Sahnehaube versehen und mit Kakao bestäuben. Den Zucker getrennt dazu servieren, damit sich jeder sein Getränk individuell süßen kann.

Malzschokolade mit Cognac

1 l Vollmilch
4 gehäufte EL Ovomaltine
2 EL Kakao
6 cl (3 Schnapsgläschen) Cognac oder Weinbrand
3–4 TL brauner Zucker
nach Belieben 4 EL geschlagenen Sahne
etwas gemahlener Zimt zum Bestäuben

Zubereitung:
Die Milch in einem Topf zum Kochen bringen. Die Ovomaltine und den Kakao unterrühren, die Mischung mit einem Schneebesen kräftig durchschlagen. Den Cognac oder Weinbrand unterrühren und mit dem Zucker abschmecken. In vorgewärmte Becher oder Gläser füllen und nach Belieben mit einer Sahnehaube, die mit etwas Zimt bestäubt wird, servieren.

Die Malzschokolade lässt sich ohne den Cognac auch gut für Kinder zubereiten. Und Sie eignet sich zum Abfüllen in eine Thermoskanne.

Heiße Schokolade

4 gestrichene TL Kakao
4 gehäufte TL Schokoladenpulver
4–6 TL Zucker
1/2 l Wasser
1/2 l Milch
1/8 l Sahne
2 TL Schokoladenraspel oder Schokostreusel

Zubereitung:

In einem Topf den Kakao mit dem Schokoladenpulver und 4 TL Zucker gut vermischen. Langsam das Wasser zugießen, alles gründlich verrühren. Den Schokoladenbrei erwärmen und dabei schon die Milch zugießen. Mit einem Schneebesen kräftig durchschlagen und die Schokolade einmal aufkochen lassen. Die Sahne ganz steif schlagen. Die Schokolade nach Geschmack mit dem restlichen Zucker abschmecken, in Becher oder spezielle Kakaotassen füllen und mit einer Sahnehaube versehen. Mit den Schokoraspeln oder Streuseln garnieren und sofort servieren.

Sie können die Schokolade selbstverständlich auch nur mit Kakao oder nur mit Schokoladenpulver zubereiten. Der Geschmack ist mit Kakao etwas herber, mit dem Schokoladenpulver feiner und milder.

Nougatmilch mit Zimt

1 Tafel (100 g) **Nougat-Schokolade**
3/4 l Milch
1/8 l Sahne
Zimt zum Bestäuben

Zubereitung:
Die Schokolade in kleine Stücke brechen. Die Milch einmal aufkochen lassen. Den Topf vom Feuer nehmen. Die Schokolade hineingeben und unter Rühren darin auflösen. Die Sahne zugießen und alles noch einmal erwärmen, aber nicht kochen lassen. Entweder mit einem Schneebesen kräftig durchschlagen oder mit dem Pürierstab kurz aufschäumen. In vorgewärmte Becher oder Gläser füllen, mit Zimt bestäuben und sofort servieren.

Whisky-Schokolade

4 gehäufte EL Schokoladenpulver,4–6 TL Zucker, 4 EL Wasser, 1/2 l Milch, 8 cl (4 Schnapsgläschen) **Whisky, etwas gemahlener Zimt**

Zubereitung:

In einem Topf das Schokoladenpulver mit 4 TL Zucker vermischen. Das Wasser dazugießen und alles klumpenfrei zu einem Brei verrühren. Dann erst die Milch dazugießen. Die Mischung erhitzen, aber nicht kochen lassen. Den Whisky unterrühren, nochmals erhitzen und nach Belieben mit dem restlichen Zucker abschmecken. Dann gleich in hitzebeständige Becher oder Gläser füllen und mit einer Prise Zimt bestreut servieren.

Statt des Schokoladenpulvers können Sie auch 75 g bittere Schokolade verwenden. Diese dann in kleine Stücke brechen und in der heißen Milch auflösen. Wasser zum Anrühren benötigen Sie dann nicht.

Heiße Bowlen

Rezepte:

* Zitrusbowle
* Heiße Orangenbowle
* Pfefferminz-Bowle
* Feuerzangenbowle
* Kirsch-Bowle

Heiße Bowlen

Bowle – da schwingen die Fünfziger Jahre mit ihren Pferdeschwänzen und Petticoats mit. Freilich wurde das leicht frivole Getränk damals nur kalt serviert. Aber probieren Sie einfach einmal unsere heißen Varianten für die kalten Wintertage!

Warenkunde Gewürze

Der Duft der Gewürze vermittelt Wohlbefinden. Viele Menschen lieben gerade die Weihnachtsbäckerei wegen des Dufts der Gewürze, der durchs Haus streicht. Das ist nicht nur eine reine Duftwahrnehmung, der Duft hat tatsächlich einen körperlich wahrnehmbaren Effekt und schenkt Wohlbefinden. Gewürze duften wegen ihrer Inhaltsstoffe, der ätherischen Öle. Die ätherischen Öle sind keine reinen Stoffe, sondern immer Stoffgemische, zum Beispiel mit Polyphenolen oder Gingerolen. Die klassischen Gewürze für die Weihnachtsbäckerei und für Glühwein – Gewürznelken, Zimtstangen, Muskatnuss, Muskatblüte (=Macis), Sternanis, Kardamom, Piment, Vanille – enthalten sehr viel davon. Die Gewürznelke kann bis etwa 20 % ätherisches Öl enthalten.

Natürlich entfalten die Gewürze nicht nur beim Riechen ihre Wirkung, sondern auch beim Schmecken. Im Körper selbst wirken die Gewürze noch viel weitreichender als beim bloßen Riechen; sie wirken antioxidativ und oft auch antibakteriell, helfen bei Verdauungsstörungen, regen den Appetit an. Die Muskatnussdroge steigert sogar direkt die Ausschüttung von Serotonin im Gehirn.

Bei den heißen Getränken bietet es sich an, die Gewürze ganz zu verwenden, mit im heißen Getränk ziehen zu lassen. Eventuell füllt man die Gewürze in ein Teeei oder bindet sie in ein Stoffsäckchen ein, wenn es (nur) um den Geschmack gehen soll. Sternanis, Gewürznelken und Zimtstangen können ruhig in der Kanne mit schwimmen; sie sehen dekorativ aus. Gewürze in Pulverform sind für die heißen Getränke nicht so gut geeignet. Sie verteilen sich nicht gleichmäßig in der Flüssigkeit. Zimtpulver, zerstoßener Pfeffer, usw. eignet sich jedoch gut zum Bepudern/Bestreuen obenauf. Pulverisierte Gewürze passen dagegen gut in Gebäcke, hier verteilen sie sich gut.

Gewürznelken

sind die kurz vor dem Aufblühen gesammelten, getrockneten Blütenknospen des Gewürznelkenbaumes *(Syzygium aromaticum)*. Im Handel sind die ganzen Gewürznelken oder das Pulver.

Ingwer

Verwendet wird der Wurzelstock (das fleischige Rhizom) von *Zingiber officinale* – entweder frisch in dünne Scheiben oder Stücke geschnitten oder in Form von Pulver. Ingwer verleiht Getränken und Gebäck einen gewürzartig scharfen Geschmack.

Kardamom

sind die Fruchtkapseln des Ingwergewächses *Elettaria cardamomum*. Die würzigen ätherischen Öle stecken in der Samenschale, die durch die Fruchtkapsel geschützt ist. Zum Würzen der Getränke werden die Kapseln grob im Mörser zerstoßen bzw. vermahlen. Handelsware gibt es ganz oder gemahlen.

Muskatnuss

ist der meist gekalkte Samenkern des Muskatnussbaumes *(Myristica fragrans)*. Der Droge wird eine leicht halluzinogene Wirkung nachgesagt. Wegen der viel stärkeren Würzkraft immer frisch geriebene Muskatnuss verwenden.

Muskatblüte (= Macis)
ist die Hülle um den inneren Kern der Muskatfrucht, der Muskatnuss. Sie wird ihrerseits vom Fruchtfleisch eingehüllt. Bei der Ernte ist die Muskatblüte rot oder purpur gefärbt, nach dem Trocknen wird sie bernsteinfarben.

Piment (= Nelkenpfeffer)
sind die Samenkörner des Pimentbaumes *(Pimenta dioica)*, die vor der vollständigen Reife geerntet, fermentiert und getrocknet werden. Handelsware gibt es ganz oder gemahlen.

Sternanis
ist die Frucht des Sternanisbaumes *(Illicium verum)*. Es ist eine Balgfrucht mit normalerweise acht Zacken. Das ätherische Öl (hauptsächlich Anethol) sitzt in der Fruchtwand, nicht in den Samen. Geruch und Geschmack sind stärker als beim Anis. Unentbehrlich für Glühwein.

Vanille

Vanillestangen sind die Kapselfrüchte eines Orchideengewächs namens *Vanilla planifolia*, einer interessanten Kletterpflanze, die ursprünglich in Mexiko und Mittelamerika an Waldrändern des Regenwaldes wächst. Die Bezeichnung »Bourbon-Vanille« bezieht sich auf das Anbaugebiet, die Insel Bourbon. Die unreifen Vanille»schoten« werden geerntet und mit heißem Wasserdampf oder Wasser behandelt. Die braune Farbe und das typische Aroma entsteht erst bei einem langwierigen Aufbereitungsprozess mit wiederholtem Ausbreiten und Erwärmen und luftdichtem Einschließen. Vanilleschoten enthalten zwischen 0,75 und 2,2 % Vanillin. Die getrockneten Früchte kommen in Form von Vanillestangen oder Vanillepulver in den Handel. Vanille ist wie Safran und Kardamom ein sehr wertvolles Gewürz. Es ist das wichtigste Gewürz in der Schokoladenindustrie. Der wichtigste Aromaträger, das Vanillin, kann auch künstlich hergestellt werden. Vanillezucker mit echtem Vanillin erkennt man an den schwarzen Pünktchen (das sind die Samen).

Zimtstangen

entstehen aus der abgeschälten Rinde des Zimtbaumes, der zur Gewinnung der »Zimtstangen« immer wieder zurückgeschnitten wird und strauchförmig wächst. Beim Trocknen färbt sich die zunächst weißgraue Rinde und rollt sich zu »Stangen« zusammen. Unterschieden wird zwischen dem echten Ceylon-Zimt oder Canehl von *Cinnamomum ceylanicum* und dem Cassiazimt von *Cinnamomum aromaticum* oder *C. loureirii*. Zimt gibt es auch in Pulverform zu kaufen.

Zitrusbowle

1 Grapefruit
2 Blutorangen
10–12 Kumquats (kleine Zwergorangen)
1/2 l Weißwein
1/2 l Grapefruitsaft (frisch gepresst oder aus der Flasche)
einige ganze Nelken
nach Belieben etwas Zucker

Zubereitung:

Die Grapefruit und die Blutorangen mit einem scharfen Messer bis aufs Fruchtfleisch abschälen. Die Früchte längs halbieren, dann in Scheiben schneiden. Die Kumquats waschen und quer in feine Scheiben schneiden. In einem Topf den Weißwein mit den Saft und den Nelken erhitzen, aber nicht aufkochen lassen. Die Zitrusfrüchte hineingeben und 3–4 Minuten darin ziehen lassen. Die Bowle mit Zucker abschmecken und sofort servieren. Dabei die Fruchtstücke mit ins Glas oder die Tasse geben. Löffel oder Sticker dazulegen, damit man sich die Scheiben herausfischen kann.

Heiße Orangenbowle

2 unbehandelte Orangen, 1/2 unbehandelte Zitrone, 4 cl (2 Schnapsgläschen) Orangenlikör, 4 ganze Nelken, 100 g Zucker, 1/2 l Orangensaft, 1/2 l Weißwein

Zubereitung:

Von den Orangen und der Zitrone die Schale mit einem Sparschäler entfernen. Schalen, Orangenlikör, Nelken und Zucker in eine Schüssel geben, abde-cken und mindestens 2 Stunden ziehen lassen. Inzwischen mit einem ganz scharfen Messer die restliche weiße Haut entfernen, dabei bis aufs Fruchtfleisch abschneiden. Die Orangen und die halbe Zitrone dann längs halbieren und in Scheiben schneiden.

Die durchgezogenen Schalen in einem Topf mit Orangensaft und Weißwein bis kurz vor den Siedepunkt erhitzen. Durch ein Sieb gießen, damit die Schalen zurückbleiben. Die Orangen- und Zitronenscheiben in die Bowle geben, noch einmal kurz erwärmen und sofort servieren.

Pfefferminz-Bowle

4 gehäufte TL oder 6 Teebeutel Pfefferminztee, 1/2 l Wasser, 4–6 gestrichene TL Zucker, einige Tropfen Pfefferminzöl (gibt es in der Apotheke oder im Reformhaus), 1/2 l moussierender Weißwein oder Prosecco

Zubereitung:

Den Pfefferminztee mit dem sprudelnd kochenden Wasser übergießen und 5 Minuten ziehen lassen. Nach Geschmack mit dem Zucker süßen und mit etwas Minzöl zusätzlich parfümieren. Weißwein oder Prosecco dazugießen und erhitzen, aber nicht aufkochen lassen. Die Bowle gleich servieren.

Feuerzangenbowle

Zutaten für 6 Personen:

2 unbehandelte Orangen, 1,5 l Rotwein, 6–8 ganze Nelken, 1 Zuckerhut (gibt es immer zur Winterzeit im Lebensmittelhandel), 3/8 l Rum

Zubereitung:

Von den Orangen mit einem scharfen Messer oder dem Sparschäler die Schale spiralförmig wegschneiden. Die Orangen anschließend längs halbieren und in dünne Scheiben schneiden. Zusammen mit dem Rotwein und den Nelken erhitzen, aber nicht kochen lassen. In einem feuerfesten Gefäß auf ein Stövchen oder ein Rechaud setzen.

Die Zuckerzange über das Gefäß legen und dahinein den Zuckerhut legen. Mit ein wenig Rum übergießen, anzünden und brennen lassen. Den restlichen Rum nach und nach immer zuerst in eine Kelle gießen, dann erst über den Zuckerhut geben. Nie direkt aus der Flasche nachgießen, da sich sonst der Rum entzünden kann. Die Bowle umrühren, damit sich der eingetropfte Zucker verteilt. In hitzebeständige Gläser oder Becher füllen und servieren.

Kirsch-Bowle

1 Glas entkernte Sauerkirschen (750 ml Inhalt), **4 cl** (2 Schnapsgläschen) **Kirschwasser, 1/2 l Rotwein, je 3 Nelken und Pimentkörner, Zucker nach Belieben**

Zubereitung:

Die Kirschen in ein Sieb abgießen, den Saft dabei auffangen. Vier Esslöffel der Kirschen in einer kleinen Schüssel mit dem Kirschwasser übergießen und kurz durchziehen lassen. In der Zwischenzeit von den übrigen Kirschen auf vier Zahnstocher jeweils 3 Stück aufspießen (oder Cocktailkirschen verwenden). Für die Garnitur beiseite stellen. Die restlichen Kirschen abdecken und für ein Dessert oder Ähnliches verwenden.

Von dem Kirschsaft gut 3/8 l abmessen. Zusammen mit dem Rotwein und den Gewürzen in einen Topf geben und erhitzen. Die marinierten Kirschen zufügen und alles mit Zucker abschmecken. Zum Servieren jeweils etwas von den Kirschen mit der Rotweinmischung in ein hitzebeständiges Glas oder einen Becher füllen. Die Kirschspießchen quer darüber legen und sofort servieren.

Die Gewürze können Sie zum Mitkochen auch in ein Tee-Ei füllen, dann stören sie hinterher beim Trinken nicht.

Tipps zur Zubereitung

* Für Getränke mit Wein und/oder Fruchtsäften am besten Töpfe aus Edelstahl, feuerfestem Glas oder emailliertem Stahl verwenden. Nie in Alutöpfen kochen, denn die Weinsäure greift das Aluminium an, der Geschmack Ihres Drinks kann beeinflusst werden. Auch bei emaillierten Töpfen darauf achten, dass sie unbeschädigt sind, denn auch kleine Macken im Email können den Geschmack verderben.

* Getränke mit Wein niemals sprudelnd kochen lassen; immer nur bis kurz vor dem Siedepunkt erhitzen und dann je nach Rezept nur noch ziehen lassen.

*In so genannten Kaffeedrückern lässt sich Kaffee ganz schnell und unkompliziert zubereiten. Das Kaffeepulver wird eingefüllt, mit kochendem Wasser übergossen und zieht dann durch. Umrühren und anschließend den Satz mit dem Drücker nach unten drücken – fertig ist der Kaffee. Genau so gut lässt sich aber auch Tee darin zubereiten, denn die Teeblätter haben hier reichlich Platz zum Rumwirbeln, wenn sie mit dem kochenden Wasser übergossen werden. Allerdings sollte der Tee nicht im Drücker bleiben, sondern in eine Kanne umgegossen werden. Wenn diese noch mit heißem Wasser vorgewärmt wird, ist es optimal! Aber auch eine Kanne mit einem extra großen Sieb eignet sich zur Teezubereitung.

*Für manche Rezepte wird aufgeschäumte Milch benötigt. Dafür gibt es spezielle Kannen aus Glas oder Edelstahl mit einem kleinen ganz feinen Sieb. Die Milch wird direkt in den Kannen erhitzt und dann durch schnelles Auf- und Abbewegen des Siebs aufgeschäumt. Aber auch in einem kleinen, möglichst hohen Topf kann die heiße Milch mit einem Schneebesen oder einem Spiralbesen (der besonders gut zwischen Topfboden und Rand kommt) durch schnelles Schlagen aufgeschäumt werden. Oder Sie überlassen diese Arbeit einem elektrisch betriebenen kleinen Schaumbesen. Wenn das ganze fertige Getränk nochmals aufgeschäumt werden soll, eignet sich dafür am besten ein Pürierstab. Aber Vorsicht: mit dem Pürierkopf immer unter der Getränkeoberfläche bleiben. Sonst steht eventuell eine kleine Renovierung der Küchenwände an!

Warmhalten der heißen Getränke

Ganz wichtig bei heißen Getränken: Das Warmhalten

* Die klassische Thermoskanne ist hier der ideale Helfer. Allerdings lasen sich nur Getränke abfüllen, die keine allzu großen Gewürze, Obststücke oder ähnliches mehr enthalten. Manches muss also vor dem Abfüllen durchgesiebt werden. Die Thermoskannen unbedingt vor dem Benutzen mit heißem Wasser vorwärmen, dann bleibt alles wirklich eine ganze Weile schön heiß.

* Für den Transport ins Freie, zum Beispiel zum Aufwärmen bei der Schlittenpartie, eignen sich besonders doppelwandige Thermoskannen aus Edelstahl. Sie nehmen einen kleinen Stoß nicht übel und sind bruchfest, im Gegensatz zu den tischfeinen Kannen mit dem üblichen empfindlichen Glaszylinder.

* Heiße Tee- oder Kaffeemischungen lassen sich in Kannen mit einem Isoliermantel ebenfalls gut warm halten. Oder Sie setzen das heiße Getränk in Ihrer normalen Servierkanne über ein Stövchen oder ein Rechaud.

* Glühwein oder heiße Bowlen lassen sich entweder im Topf (immer Deckel drauf!) oder auch in einer großen Kanne über einem Stövchen warm halten

* Für den Genuss im Freien gibt es zusätzlich Thermosbecher in den verschiedensten Ausführungen. Darin bleibt der wärmende Drink auch bei kalten Außentemperaturen noch eine ganze Weile heiß.

Tipps zum Servieren

* Ob Sie in Tassen, Bechern oder Gläsern servieren: hitzebeständig müssen sie sein! Prüfen Sie auch ganz genau, ob das Gefäß einen Sprung hat. Beim Einfüllen ganz heißer Flüssigkeit, kann der Becher (Tasse oder Glas) sonst sehr leicht springen.

* Stellen Sie ihre Serviergefäße nie auf eine kalte Edelstahl- oder Steinfläche. Lieber ein Tuch darunter legen, dann erst einfüllen. Durch den Gegensatz kalte Fläche und heiße Flüssigkeit kann ein Gefäß auch mal springen.

* Zur Sicherheit können Sie beim Einfüllen auch einen Löffel ins Serviergefäß stellen. Der nimmt die erste Hitze auf und leitet sie langsam wieder ab. Aber: nicht zu lange in der heißen Flüssigkeit lassen, Sie können den Löffel sonst kaum mehr anfassen.

* Das zielgerechte Einfüllen bereitet manchmal Schwierigkeiten. Mit einem Trichter, besser noch einem Marmeladentrichter mit einer größeren Öffnung, geht das ganz prima. So lässt sich auch eine heiße Schokolade ohne große Tropfspuren in eine Tasse oder einen Becher umfüllen. Dieser Trichter hilft natürlich auch beim Umfüllen vom Topf in eine Kanne oder Thermoskanne.

* In vorgewärmten Tassen oder Bechern bleibt Ihr Drink einfach länger heiß. Die Gefäße also vor dem Servieren mit heißem Wasser füllen, stehen lassen und das Wasser erst kurz vor dem Umfüllen wieder ausschütten. Im gerade noch benutzten, noch heißen Backofen, lassen sich Becher oder Tassen auch mal aufwärmen. Dabei werden leider aber auch die Griffe oder Henkel heiß, das kann beim Anfassen dann Probleme machen.

* Für hitzebeständige Gläser oder Porzellanbecher lassen sich aus Wollresten ganz rasch kleine Stulpen stricken. Je nach Wollstärke mit einem Nadelspiel (3–3,5) 32–40 Maschen anschlagen und gerippte oder glatt rechts gestrickte kleine Schläuche stricken. Die Gläser lassen sich damit dann gut anfassen und der Inhalt ist ein wenig gegen Kälte geschützt.

Gebäck, das dazu passt

Rezepte für den Vorrat und aus dem Vorrat:

Gerade in der kalten Jahreszeit überkommt einen doch manchmal die Lust auf etwas Süßes. Gut, wenn man dann mit einem Griff knusprige Plätzchen oder einen schön durchgezogenen Kuchen aus dem Vorratsschrank holen kann. Es gibt nämlich einiges an Gebäck, das Sie wann immer Sie Zeit haben, schon mal backen können. Und das Gute daran: Es wird mit jedem Tag lagern besser! Wenn sich dann Besuch ansagt oder Sie sich selber etwas Gutes gönnen möchten, sind Sie fein raus. Die Rezepte auf den folgenden Seiten passen alle ganz prima zu den heißen Wintergetränken.

* *Graubündner Nusstorte*
* *Baumkuchentorte*
* *Linzer Torte mit Hagebuttenmarmelade*
* *Englischer Teekuchen*
* *Schoko-Mandel-Makronen*
* *Englisches Shortbread*
* *Zimtkringel*
* *Mini-Schnecken*
* *Knusperblätter*
* *Nusstaler*
* *Gewürzecken*
* *Zitronenflöckchen*
* *Schokoladenkekse*

Warenkunde Zucker und Kandis

Zucker hebt den Geschmack! Für die winterlichen Heißgetränke und für die Gebäcke ist er unentbehrlich. Hier kommen die verschiedenen Zuckerarten so richtig zur Geltung – im Getränk selbst mit den Geschmacksnuancen und Färbungen und bei der Dekoration fürs Auge. Kenner schätzen Kandis-Zucker in seinen verschiedenen Formen; er hat etwas Gemütliches an sich, erinnert an Kaminfeuer und warme Stuben, vermittelt ein Gefühl von Wärme an kalten Wintertagen und lässt die Hektik des Alltags vergessen.

Alle, die Gewichtsprobleme haben, sollten sehr wenig Zucker verwenden, evtl. auf Zuckerersatzstoffe umsteigen. Zuckerersatzstoffe gibt es sowohl als Stückchen, in flüssiger Form als auch als Streusüße im Handel. Für Diabetiker stehen spezielle Süßungsmittel zur Verfügung, zum Beispiel Stevia-Pulver (von selbst kultivierten Stevia (=Süßkraut)-Pflanzen)

Weißer Kandis
Weißer Kandis ist das reinste Produkt der Zucker-Raffination. Zur Herstellung der klaren Kristalle wird eine besonders reine, klare Zuckerlösung verwendet und daraus die großen Kristalle langsam auskristallisiert. Die klaren Kristalle sehen sehr edel aus.

Brauner Kandis
entsteht, wenn man eine hochkonzentrierte Zuckerlösung erhitzt, dabei karamellisiert und anschließend auskristallisieren lässt. Wohlausgebildete Kristalle und ein feiner karamellartiger Geschmack sind die Merkmale von braunem Kandis. Verwendet wird brauner Kandis z. B. für Grog, Glühwein und im Tee.

Kluntje-Kandis
sind große und klare Kristalle. In Ostfriesland sind sie zum Süßen von Tee besonders beliebt. Es ertönt immer ein leiser heller Klang, wenn die Kristalle in der Hitze springen.

Krustenkandis

wird durch Zerkleinern von dicken, braunen Kandiskrusten gewonnen, die bei der Kristallisation in speziellen Kandiswannen entstehen. Verwendet wird Krustenkandis wie brauner Kandis. Er hat einen ausgeprägten Karamell-Geschmack.

Grümmel-Kandis

ist ein klein gebrochener, hocharomatischer Kandis mit starkem Karamellgeschmack. Er ist daher zum Backen sowie zum Aromatisieren von Desserts und Früchten bestens geeignet. In Getränken löst er sich schneller auf als die gröberen Kandis-Varianten. In England wird er als »Coffee-Sugar« zu Kaffee und Mokka gereicht.

Weißzucker

ist die einfachste Zuckersorte für den Verbrauch, hat einen höheren Aschegehalt als Raffinade und ist nicht rein weiß.

Raffinade

ist ein Zucker von höchster Reinheit und bester Qualität. Die Raffinade wird aus sehr reinen Zuckerlösungen gewonnen und enspricht hohen Ansprüchen. Es gibt sie in verschiedenen Formen und unterschiedlichen Körnungen: grob, mittel und fein, gemahlen (z. B. als feinster Zucker oder Puderzucker) und als Würfel- oder Hagelzucker.

Würfelzucker
wird aus sehr hochwertiger, angefeuchteter Raffinade in Formen gepresst und anschließend getrocknet. Er eignet sich zum Süßen von allen heißen Getränken.

Puderzucker
ist eine staubfein gemahlene Raffinade. Er wird zum Überstäuben von Gebäckstücken, Torten, für Eischnee und Glasuren verwendet.

Hagelzucker
ist grobkörnig und aus vielen kleinen Zuckerkristallen zusammengesetzt. Bei Gebäckstücken aus Hefe- oder Mürbeteig schafft er ein dekoratives Bild.

Zuckerhut
besteht aus kegelförmig gepresster Raffinade. Er wird für Feuerzangenbowle verwendet.

Brauner Zucker
auch unter dem Namen Kandisfarin bekannt, ist ein feinkörniger Spezialzucker, der aus braunem Kandissirup gewonnen wird. Seine Karamell- und Bräunungsstoffe verstärken das Aroma und verbessern die Bräunung und Porung. Er wird deshalb gern zum Backen verwendet.

Brauner Würfelzucker
wird aus Kandisfarin hergestellt. Das feine Karamellaroma gibt dem Kaffee oder dem Espresso eine besondere Geschmacksnote.

Graubündner Nusstorte

Zutaten für eine Springform mit 24–26 cm Durchmesser:

Für den Teig:

300 g Mehl
150 g Zucker
200 g kalte Butter oder Margarine
1 Ei

Für die Füllung:

200 g Zucker
300 g gemischte geschälte Nüsse
(Walnüsse, Haselnüsse, Mandeln)
1/8 l Sahne
3 EL Honig
1 Eigelb
1 EL Sahne oder Milch

Backpapier für die Backform
Mehl zum Ausrollen

Zubereitung:

1. Das Mehl mit dem Zucker auf die Arbeitsfläche häufen. Das Fett in kleine Stücke schneiden und obenauf häufen. Das Ei in die Mitte setzen. Alles mit einem großen Messer durchhacken, bis alles fein bröselig ist. Dann rasch mit den Händen zu einem festen Mürbteig verkneten. In Folie wickeln und 1 Stunde im Kühlschrank ruhen lassen.
2. Für die Füllung den Zucker in einer großen Pfanne erhitzen und goldgelb werden lassen.
   In der Zwischenzeit die Nüsse grob hacken. Sobald der Zucker die richtige Farbe hat, die Nüsse hinein geben, gut umrühren, mit der Sahne aufgießen und den Honig unterrühren. Die Masse einmal aufkochen lassen, aus der Pfanne in eine große Schüssel gießen und abkühlen lassen, bis sie lauwarm ist.

3. Den Backofen auf 200 Grad vorheizen. Den Boden der Backform mit einem passend zugeschnittenen Stück Backpapier auslegen. Gut die Hälfte des Teiges auf wenig Mehl zu einem Kreis ausrollen, der 2–3 Zentimeter größer als die Backform ist. Die Form damit auslegen und einen etwa 2 Zentimeter hohen Rand hoch drücken.

4. Die Füllung auf dem Boden glatt streichen. Den Teigrand leicht über die Füllung klappen. Den restlichen Teig ausrollen, einen passenden Kreis ausschneiden und als Deckel auf die Nussfüllung legen. Mit einer Gabel mehrmals einstechen. Eventuelle Teigreste ausstechen (zum Beispiel Sterne, Monde oder Herzen) und die Oberfläche damit verzieren.

5. Das Eigelb mit der Sahne oder Milch verquirlen und den Kuchen damit bestreichen. Im vorgeheizten Backofen bei 200 Grad in 35–40 Minuten goldgelb backen. Die Nusstorte erst etwas abkühlen lassen, dann aus der Form lösen und auf einem Kuchengitter vollkommen auskühlen lassen. Fest in Folie verpacken und mindestens 14 Tage an einem kühlen Ort durchziehen lassen.

Baumkuchentorte

Zutaten für eine Springform mit 26cm Durchmesser:

250 g zimmerwarme Butter
oder Margarine
200 g Zucker
1 Päckchen Vanillezucker
5 Eier
125 g Speisestärke
125 g Mehl
100 g Mandel- oder Haselnussmark
(gibt es im Reformhaus)
2 EL Orangenlikör
2 EL Rosenwasser
(gibt es in der Apotheke)
Fett und Mehl für die Backform

Zubereitung:

1. Die Butter oder Margarine mit den Schneebesen des Handrührers oder in der Küchenmaschine ganz cremig rühren. Zucker und Vanillezucker und die Eier zufügen, alles zu einer hellen Creme schlagen. Die Speisestärke, das Mehl und das Mandel- oder Nussmark dazugeben, ebenso den Likör und das Rosenwasser. Mit einem Rührlöffel alles gründlich verrühren.

2. Den Backofen auf 250 Grad oder den Grill vorheizen.
   Die Springform ausfetten und mit Mehl ausstäuben. 2–3 Esslöffel Teig einfüllen und möglichst dünn auf dem Formboden ausstreichen. Dazu den Löffel am besten zwischendurch in kaltes Wasser tauchen, dann geht`s leichter. Die dünne Schicht im heißen Backofen oder unter dem Grill goldgelb backen.

3. Nun die nächste Schicht auftragen und wiederum backen.
   Je nach Ofen- oder Grillhitze dauert das 1 1/2–2 Minuten.
   So weiterarbeiten, bis der ganze Teig verbraucht ist. Den Kuchen auskühlen lassen, fest in Folie verpacken und an einem kühlen Ort mindestens eine Woche durchziehen lassen.

4. Noch interessanter schmeckt der Baumkuchen, wenn sie ihn nach dem Auskühlen mehrmals mit einem Zahnstocher einstechen und mit einem Frucht- oder Nusslikör ganz nach Geschmack tränken. Dann erst verpacken und gut durchziehen lassen.

Linzer Torte mit Hagebutten-marmelade

Zutaten für eine Springform mit 26 cm Durchmesser:

125 g zimmerwarme Butter oder Margarine
250 g Zucker
abgeriebene Schale von 1/2 unbehandelten Zitrone
350 g Mehl
150 g Mandelmark (gibt es im Reformhaus)
1 Ei
4 EL Kirschwasser
2 gestrichene EL Kakao
Backpapier für die Form
Mehl zum Ausrollen
etwa 300 g Hagebuttenmarmelade
1 Eigelb
1 EL Milch oder Sahne

Zubereitung:

1. Die Butter oder Margarine mit einem Rührlöffel oder in der Küchenmaschine ganz cremig rühren. Zucker, Zitronenschale, Mehl, Mandelmark, das Ei, Kirschwasser und Kakao dazugeben und alles zu einem festen Teig verkneten. Sollte er zu weich und klebrig sein, esslöffelweise noch ein wenig Mehl unterkneten. In Folie wickeln und ca. 1 Stunde kaltstellen.

2. Die Backform mit Backpapier auslegen. Den Backofen auf 180 Grad vorheizen. Gut die Hälfte des Teigs auf wenig Mehl in Größe der Springform ausrollen und die Teigplatte in die Form legen. Aus kleinen dünnen Teigrollen einen kleinen Rand rundherum andrücken. Die Marmelade dick auf dem Teigboden verstreichen.

3. Den restlichen Teig ausrollen, gut fingerdicke Streifen schneiden oder mit einem Förmchen Blätter oder Sterne ausstechen. Die Oberfläche mit einem Streifengitter oder einem anderen Muster belegen. Das Eigelb mit der Milch oder Sahne verrühren und die Oberfläche damit bestreichen. Den Kuchen im vorgeheizten Ofen knapp 30 Minuten backen. Vollkommen auskühlen lassen, anschließend fest in Folie verpacken und an einem kühlen Ort mindestens 10 Tage durchziehen lassen.

Englischer Teekuchen

Zutaten für eine Springform mit 20 cm Durchmesser:

Je 75 g Korinthen und Rosinen
75 g gehackte Mandeln
je 50 g gehacktes Orangeat und Zitronat
4 cl (2 Schnapsgläschen) **Whisky oder Rum**
100 g zimmerwarme Butter oder Margarine
100 g brauner Zucker
1 Prise Salz
3 Eier
180 g Mehl
1 gestrichener TL Backpulver
Fett und Mehl für die Backform

Zubereitung:

1. In einer Schüssel die Korinthen und Rosinen, Mandeln, Zitronat und Orangeat vermischen. Mit dem Alkohol übergießen und zugedeckt 1–2 Stunden durchziehen lassen.

2. Die Butter oder Margarine mit den Schneebesen des Handrührers oder in der Küchenmaschine ganz cremig rühren. Zucker, Salz und die Eier zufügen und alles zu einer hellen Creme schlagen. Das Mehl mit dem Backpulver zufügen und mit einem Rührlöffel unterrühren. Nicht mehr mit dem Handrührer oder in der Küchenmaschine arbeiten, da durch zu heftiges Rühren der Teig sehr leicht seifig und beim Backen dann klitschig wird.

3. Ganz zum Schluss die eingeweichten Früchte unterrühren. Den Backofen auf 180 Grad vorheizen. Die Backform ausfetten und mit Mehl ausstäuben. Den Teig einfüllen und glatt streichen. Den Teekuchen auf mittlerer Schiene in 45–50 Minuten backen. Kurz abkühlen lassen, dann aus der Form lösen und auf einem Kuchengitter abkühlen lassen. Den Kuchen ganz fest in Folie verpacken und an einem kühlen Ort 10–14 Tage durchziehen lassen.

Ganz nach Geschmack lässt sich der Kuchen auch mit einem Zuckerguss servieren. Dafür etwa 150 g Puderzucker mit 3–4 EL Zitronensaft, Whisky oder Rum glatt rühren. Den abgekühlten Kuchen damit überziehen. Der Guss muss vor dem Verpacken vollkommen trocken sein, da sonst die Folie kleben bleibt.

Schoko-Mandel-Makronen

Zutaten für etwa 60 Stück:

125 g gestiftelte Mandeln
100 g Bitter-Schokolade
3 Eiweiß
1 Prise Salz
125 g Zucker
etwas gemahlener Zimt und Nelken
Backpapier für das Backblech

Zubereitung:

1. Die Mandeln in einer Pfanne ohne Fettzugabe leicht anrösten, dabei immer wieder mit dem Pfannwender umrühren. Sobald die Mandeln leicht gebräunt sind, zum Abkühlen aus der Pfanne schütten.

2. Die Schokolade grob zerkleinern, anschließend im Wasserbad schmelzen. Das Eiweiß zusammen mit dem Salz mit den Schneebesen des Handrührers ganz steif schlagen. Den Zucker langsam dazurieseln lassen, dabei immer weiter schlagen. Die Masse dann über einem heißen Wasserbad schlagen, bis sie leicht fest wird und matt glänzt.

3. Nun die geschmolzene Schokolade, die Gewürze und die Mandeln mit einem Spatel oder Teigschaber unterrühren. Den Backofen auf 150 Grad vorheizen. Das Backblech mit dem Backpapier belegen. Mit zwei Teelöffeln kleine Häufchen auf das vorbereitete Blech setzen. Im vorgeheizten Ofen ca. 15 Minuten backen. Die Makronen auskühlen lassen, anschließend in fest schließende Dosen verpacken.

Englisches Shortbread

Zutaten für eine Springform mit ca. 26 cm Durchmesser:

250 g Mehl
50 g Speisestärke
100 g Puderzucker
1 Päckchen Vanillezucker
200 g kalte Butter oder Margarine
je 1 Prise gemahlene Nelken und Muskatblüte (Macis)
Fett oder Backpapier für die Backform
Mehl zum Ausrollen

Zubereitung:

1. Mehl, Speisestärke, Puderzucker und Vanillezucker auf die Arbeitsfläche häufen. Das Fett in möglichst kleine Stücke schneiden und obenauf setzen. Die Gewürze zufügen. Alle Zutaten mit einem großen Messer oder einer Palette fein bröselig hacken. Anschließend mit den Händen rasch zu einem festen Mürbteig verkneten.

2. Den Backofen auf 200 Grad vorheizen. Die Springform ausfetten oder den Boden mit Backpapier auslegen. Den Teig auf einer leicht bemehlten Fläche passend zum Formboden ausrollen. In die Form legen und mit einer Gabel mehrmals einstechen. Das Shortbread im heißen Ofen auf der mittleren Schiene in etwa 25 Minuten goldgelb backen.

3. Die Form aus dem Ofen nehmen und den Springformrand ablösen. Das Shortbread noch heiß in schmale Tortenstücke schneiden. Dann erst auskühlen lassen. Möglichst im Ganzen auf eine runde Pappe schieben und gut in Folie verpacken. Kühl und trocken aufbewahrt hält sich das mürbe Gebäck 3–4 Wochen.

Zimtkringel

Zutaten für ca. 15 Stück:

1 Paket backfertiger Blätterteig
(250–300 g, aus dem Kühlschrank oder der Tiefkühltruhe)
80 g zerlassene Butter oder Margarine
100 g brauner Zucker
1 TL gemahlener Zimt
Backpapier für das Backblech

Zubereitung:

1. Den Blätterteig auf die Arbeitsfläche legen und antauen lassen. Mit dem flüssigen Fett bestreichen, mit Zucker und Zimt bestreuen. Von der Längsseite her aufrollen.

2. Den Backofen auf 200 Grad vorheizen, das Backblech mit dem Backpapier belegen. Die Teigrollen in etwa fingerdicke Scheiben schneiden und die kleinen Schnecken aufs vorbereitete Blech legen. Im heißen Ofen in 18–20 Minuten goldgelb backen. Nach Belieben mit Puderzucker bestäuben und noch lauwarm servieren.

Mini-Schnecken

Zutaten für ca. 20 Stück:

1 Paket backfertiger Blätterteig
(300 g, aus dem Kühlschrank)
100 g gemahlene Haselnüsse oder Mandeln
2 EL Crème fraiche
2 EL Honig oder 3 EL Zucker
2–3 EL Weinbrand
eine gute Prise Zimt
Backpapier für das Backblech

Zubereitung:

1. Den Blätterteig auf die Arbeitsfläche legen. In einer Schüssel die Nüsse mit der Crème fraiche, Honig oder Zucker, Weinbrand und Zimt gut verrühren. Die Platte damit bestreichen. Von der Längsseite her aufrollen.

2. Den Backofen auf 200 Grad vorheizen. Das Backblech mit Backpapier belegen. Von der Teigrolle gut fingerdicke Scheiben abschneiden und auf das Blech legen. Die Schnecken im heißen Ofen in ca. 20 Minuten goldgelb backen. Nach Belieben mit Puderzucker bestäubt servieren.

Wenn Sie tiefgekühlten Blätterteig verwenden, die einzelnen Platten auftauen lassen, bestreichen und aufrollen. Sie bekommen dann kleinere, dafür aber viel mehr Minischnecken!

Zutaten für etwa 20 Stück:
1 Paket backfertiger Blätterteig (250–300 g)
175 g Mehl
125 g Zucker
1 Prise Salz
125 g Butter
Backpapier fürs Backblech
2–3 EL Sahne

Knusperblätter

Zubereitung:

1. Die Blätterteigscheiben auf die Arbeitsfläche legen. Jede Scheibe einmal diagonal halbieren, so dass Dreiecke entstehen. In einer Schüssel das Mehl mit dem Zucker und dem Salz vermischen. Die Butter erwärmen und flüssig werden lassen. Über die Mehlmischung gießen und zwischen den Fingerspitzen zu Streuseln verreiben.

2. Den Backofen auf 200 Grad vorheizen. Das Blech mit Backpapier belegen. Die Teigblätter mit der Sahne bepinseln und auf das Blech legen. Die Streusel darauf verteilen und mit der Handfläche leicht andrücken. Die Streuselblätter im heißen Ofen auf der mittleren Schiene 20–25 Minuten backen. Noch warm servieren.

Nusstaler

Zutaten für etwa 60 Stück:

100 g bittere Schokolade
Je 100 g gemahlene Hasel- und Walnüsse
50 g gemahlene Mandeln
200 g Puderzucker
1/2 TL gemahlener Zimt
1 gute Prise gemahlene Nelken
2 Eiweiß
2–3 TL Kirschwasser
2–3 EL Hagelzucker oder Kristallzucker

Zubereitung:

1. Die Schokolade ganz fein hacken. In einer Schüssel mit den Nüssen, dem Puderzucker und den Gewürzen vermischen. Das Eiweiß mit den Schneebesen des Handrührers leicht aufschlagen, aber nicht steif schlagen. Unter die Nüsse mischen, soviel Kirschwasser zufügen, dass sich ein fester Teig kneten lässt.

2. Den Teig zu Rollen mit dem Durchmesser eines 1,– €-Stücks formen. In dem Zucker wälzen und dann in Folie gewickelt mindestens eine Stunde im Kühlschrank ruhen lassen.

3. Den Backofen auf 220 Grad vorheizen. Das Backblech einfetten oder mit Backpapier belegen. Von den Rollen knapp fingerdicke Scheiben abschneiden und auf das Blech legen. In der Mitte des Ofens in 10–12 Minuten backen. Auf Kuchengitter setzen und vollkommen auskühlen lassen. Dann erst in fest schließende Dosen verpacken.

Nach Belieben können Sie die Taler zusätzlich noch zur Hälfte in geschmolzene Kuvertüre tauchen. Auch dann die Glasur erst vollkommen trocknen lassen, bevor Sie die Plätzchen verpacken.

Gewürzecken

Zutaten für etwa 60 Stück:

210 g Mehl
2 Päckchen Vanillezucker
1/2TL gemahlener Ingwer
1/2TL Lebkuchengewürz
1 Eiweiß
150 g kalte Butter oder Margarine
Backpapier für das Backblech
60 g brauner Zucker
60 g Mandelblättchen oder Mandelsplitter

Zubereitung:

1. Das Mehl mit dem Vanillezucker und den Gewürzen auf die Arbeitsfläche häufen. Das Eiweiß in einer Schale ganz gründlich verquirlen. Einen guten Esslöffel davon in einer Tasse beiseite stellen. Den Rest über die Mehlmischung geben. Das Fett möglichst klein würfeln und darüber geben. Alle Zutaten mit einem großen Messer oder einer Palette bröselig hacken. Dann mit den Händen rasch zu einem Mürbteig verkneten.

2. Den Backofen auf 200 Grad vorheizen. Das Backpapier auf ein leicht angefeuchtetes Küchentuch legen. Den Teig darauf etwa 3 Millimeter dick ausrollen. Das Papier auf das Backblech ziehen. Die Teigplatte mit dem übrigen Eiweiß bepinseln. Mit dem Zucker und den Mandeln bestreuen. Im heißen Ofen auf der mittleren Schiene in ca. 12 Minuten knusprig backen. Die Platte noch ganz heiß in Rauten schneiden. Die Ecken mit einer Palette vom Blech heben. Entweder auf Kuchengitter setzen und abkühlen lassen oder noch lauwarm servieren.

Zitronenflöckchen

Zutaten für ca. 60 Stück:

125 g zimmerwarme Butter oder Margarine
100 g Puderzucker
100 g Speisestärke
100 g Mehl
1 Prise Salz
abgeriebene Schale und Saft von 1/2 Zitrone
1 Eiweiß
Backpapier für das Backblech
Puderzucker zum Bestäuben

Zubereitung:

1. Die Butter oder Margarine mit einem Rührlöffel oder in der Küchenmaschine ganz cremig rühren. Puderzucker, Speisestärke, Mehl und Salz sowie den Zitronensaft und die abgeriebene Schale dazugeben. Das Eiweiß mit einer Gabel gut verquirlen und ebenfalls zufügen. Alles rasch zu einem Mürbteig verkneten.

2. Den Teig vierteln und zu Rollen mit dem Durchmesser eines 1€-Stücks formen. Den Backofen auf 180 Grad vorheizen. Das Backblech mit Backpapier belegen. Von den Rollen knapp fingerdicke Scheiben abschneiden und aufs Blech legen. Die Plätzchen im heißen Ofen in etwa 10 bis 12 Minuten goldgelb backen. Auskühlen lassen und mit Puderzucker überstäubt servieren.

Übrigens: Die Rollen für die Zitronenflöckchen können Sie auch einfrieren. Aber vor dem Schneiden dann mindestens eine halbe Stunde aus dem Tiefkühler nehmen. Ist der Teig nämlich zu hart, bröckelt er leicht auseinander.

Schokoladenkekse

Zutaten für ca. 70 Stück:

140 g Zart- oder Halbbitter-Schokolade
140 g Mehl
50 g Speisestärke
60 g Mandelblättchen
100 g Zucker
125 g kalte Butter oder Margarine
1 Prise Salz
1/2 TL gemahlener Zimt
1 Prise Kardamom
Backpapier für das Backblech

Zubereitung:

1. Die Schokolade mit einem großen Messer in kleine Stücke hacken. Zusammen mit Mehl, Speisestärke, Mandelblättchen und Zucker auf die Arbeitsfläche häufen. Das klein geschnittene Fett obenauf setzen. Salz und die Gewürze zufügen. Alles mit einem großen Messer fein bröselig hacken, dann mit den Händen rasch zu einem festen Mürbteig verkneten.

2. Den Backofen auf 180 Grad vorheizen. Das Backblech mit Backpapier belegen. Aus dem Teig 4 bis 5 Rollen formen (Durchmesser ca. 2 Zentimeter). In zentimeterdicke Scheiben schneiden und auf das Blech legen. Die Kekse im heißen Ofen auf der mittleren Schiene 12 bis 14 Minuten backen.

Übrigens: Die Rollen können Sie auch vorbereitet im Tiefkühler aufbewahren. Vor dem Schneiden jedoch mindestens eine halbe Stunde antauen lassen, da der Teig sonst zu sehr bröckelt.

Bezugsquellen

Teeversandhäuser

Tee-Maass, Theodor Maass GmbH, Siemensstr. 21, 25462 Hamburg, Tel.: +49(0)4101/390 50, Fax: +49(0)4101/39 05 39, theodor_maass@tee-maass.de, Internet: www.tee-maass.de

Teehaus J.T.Ronnefeldt, Kurfürstenplatz 38, 60486 Frankfurt/Main, Tel.: +49(0)69/793 00 50, Fax: +49(0)69/79 30 05 - 38, Internet: www.teeimnetz.de

TeeGschwendner GmbH, Heidestr. 26, 53340 Meckenheim, Tel.: +49(0)2225/92140, Fax: +49(0)2225/921420, teemail@der-teeladen.de, Internet: www.teeladen.de

Thiele & Freese, Hinter der Halle 7-8, 26725 Emden, Tel.: +49(0)4921/22830, Fax: +49(0)4921-32490, thieletee@t-online.de, Internet: www.thiele-tee.de

Paul Schrader & Co., Postfach 107829, 28182 Bremen, Tel.: +49(0)4203/430, Fax: +49(0)4203/43232, schrader.tee@t-online.de, Internet: www.paulschrader.de

The Betty Darling Tea Company, Postfach 101064, 28010 Bremen, Tel.: +49(0)421/52 59 25, Fax: +49(0)421/525 92 62, betty@betty-darling.de, Internet: www.betty-darling.de

Die Teekiste, Wulf & Jörn Neven, Mohlenhofstr. 8, 20095 Hamburg, Tel.: +49(0)4102/43191, Fax: +49(0)4102/44715, info@teekiste.com, Internet: www.die-teekiste.de

Tea House, Sendlinger Str. 62, 80331 München, Tel.: +49(0)89/268472, Fax: +49(0)89/2606376, info@teahouse.de, Internet: www.teahouse.de

weitere Teefachgeschäfte siehe www.deutschesteebuero.de

Kaffeeröster

arko GmbH, Kaffee- und Confiserie Filialbetrieb, Dr.-Hermann-Lindrath-Str. 28, 23812 Wahlstedt, Tel.: 04554/906-0, Fax: 04554/906-125, christine.mueller-ratje@arko.de

AZUL KAFFEE GmbH & Co. KG, Am Deich 43, 28193 Bremen, Tel.: 0421/5908-0, Fax: 0421/5908-162, info@azul.de

Kaffeerösterei Burg, Eppendorfer Weg 252, 20251 Hamburg, Tel.: 040/4221172, Fax: 040/4205708, info@kaffeeroesterei-burg.de

Burkhof Kaffee GmbH, Rudolf-Diesel-Ring 21, 82054 Sauerlach bei München, Tel.: 08104/8050, Fax: 08104/805140, info@burkhof.com

Cafe Da Capo, Shop – Café und Teehaus – Röstmaschinenentwicklung, Mittelstr. 12, 32657 Lemgo, Tel.: 05261/5010, Fax: 05261/10909, info@roester.de

Café Katelbach, Café – Bistro – Privatrösterei, Große Brunnenstr. 60, 22765 Hamburg, Tel.: Café 040/3905511, Büro: 040/3906767, Fax: 040/3906717, e.hasanbeyoglu@gmx.de

CELLINI Deutschland GmbH, Blankeneser Hauptstr. 46, 22587 Hamburg, Tel.: 040/819602-96/97, Fax: 040/819602-98, info@cellini.de

COFFEE STAR Origins & Blends, Wörther Str. 23, 10405 Berlin, Tel.: 030/47378502, Fax: 030/47378503, info@coffeestar.net

Alois Dallmayr Kaffee oHG, Dienerstr. 14/15, 80331 München, Tel.: 089/2135-0, Fax: 089/2135-167, info@dallmayr.de

J.J. Darboven GmbH & Co., Pinkertweg 13, 22113 Hamburg, Tel.: 040/73335-0, Fax: 040/73335-116, info@darboven.com

Dieckmann Aroma Kaffee GmbH & Co. KG, Speicherhof Speicher III, Haus 1, 28217 Bremen, Tel.: 0421/322675-0, Fax: 0421/322675-9, mail@dieckmann-kaffee.de

Douwe Egberts Coffee + Tea Consumer Products GmbH, Gutenbergring 67, 22848 Norderstedt, Tel.: 040/309869-10, Fax: 040/309869-20

Drie Mollen Holding (Deutschland) GmbH, Sunderhooker Weg 1, 48599 Gronau, Tel.: 02565/9355-0, Fax: 02565/9355-33, info@driemollen.de

GZ-AROMANY, Im Blumengarten 62, 55218 Ingelheim/Rhein, Tel.: 06132/40957, Fax: 06132/40954, gz@gz-aromany.de

HACIENDA SAN NICOLAS, Mundsburger Damm 29, 22087 Hamburg, Tel.: 040/37518683, Fax: 040/37518682, hacienda@t-online.de

Willy Hagen GmbH, Christophstr. 13, 74076 Heilbronn, Tel.: 07131/15554-0, Fax: 07131/15554-23, info@hagenkaffee.de

Hanseatische Kaffeerösterei Schlüter & Maack GmbH, Ost-West-Str. 49, 20457 Hamburg, Tel.: 040/3281-1047, Fax: 040/3281-1044, coffee@schlueter-maack.de

Heimbs Kaffee GmbH & (Co.) KG, Rebenring 30, 38106 Braunschweig, Tel.: 0531/380020, Fax: 0531/3800229, info@heimbs.de

Henry's Coffee World AG, Hirschstr. 5, 89073 Ulm, Tel.: 0731/3600922, Fax: 0731/3600925, info@henrys-coffee.de

Anton Hensler GmbH & Co. KG, Kaffeespezialitäten-Rösterei, Marktplatz 1, 88131 Lindau, Tel.: 083 82/268 99, Fax: 083 82/285 99, info@hensler-kaffee.de

Paul Heyck, Faulstr. 2 a, 24103 Kiel, Tel.: 0431/9 4174, Fax: 0431/9 68 73, info@heyck.de

Hochland Kaffee, Hunzelmann GmbH + Co. KG, Chemnitzerstr. 13, 70597 Stuttgart, Tel.: 07 11/72 20 80-0, Fax: 0711/72 20 80-88, info@hochland-kaffee.de

Imping's-Kaffee GmbH & Co. KG, Uphoff 11, 46395 Bocholt, Tel.: 028 71/83 43, Fax: 028 71/18 61 69, info@impings-kaffee.de

Kaffeegroßrösterei A. Joerges GmbH, Ziegelhüttenweg 27-31, 60598 Frankfurt/M., Tel.: 069/63 40 41, Fax: 069/63 55 74

Kaffee-Compagnie, Richard-Burkhardt-Str. 6, 72116 Mössingen, Tel.: 074 73/2 23 71, Fax: 074 73/2 23 81, info@spezialitaeten-compagnie.de

Kraft Foods Deutschland GmbH & Co. KG, Postfach 10 78 40, 28078 Bremen, Tel.: 04 21/599 - 01, pr@krafteurope.com

Kupferkanne Kampen, Stapelhooger Wai 7, 25999 Kampen/Sylt, Tel.: 046 51/410 10, Fax: 046 51/438 10, info@kupferkanne-sylt.de

Langen Kaffee GmbH & Co. KG, Industriestr. 8, 59964 Medebach, Tel.: 029 82/299, Fax: 029 82/525, langen-kaffee@t-online.de

Lensing & van Gülpen mbH, Ostermayerstraße 1, 46446 Emmerich, Tel.: 028 22/93 08-0, Fax: 028 22/93 08-22, rbu@lensing-und-van-guelpen.de

Melitta Kaffee GmbH, Dortmunder Straße 1, 28199 Bremen, Tel.: 04 21/51 88-0, Fax: 04 21/51 38 61, info@melittakaffee.de

Max Meyer & Max Horn GmbH, Gottlieb-Daimler-Str. 4, 24568 Kaltenkirchen, Tel.: 041 91/87 81, Fax: 041 91/49 26, info@meyer-horn.de

Hans Mohrbacher – Privat-Kaffee-Rösterei, Mundenheimer Str. 233, 67061 Ludwigshafen, Tel.: 06 21/56 35 41, Fax: 06 21/56 93 83, mohrbacher@pcserve.de

Kaffeerösterei Neuteboom GmbH, Kurt Schumacherplatz 7, 48599 Gronau, Tel.: 025 62/812 65, info@neuteboom.nl

Nobel GmbH & Co. Kaffee KG, Lazarettstr. 12/16, 45127 Essen, Tel.: 02 01/23 32 35 + 24 77 50, Fax: 02 01/23 46 19 + 24 77 5 32, m.nobel@nobel-kaffee.de

Röstfein Kaffee GmbH, Hafenstr. 9, 39106 Magdeburg, Tel.: 03 91/56 83 10, Fax: 03 91/5 68 31 22, info@roestfein.de

SARA LEE DEUTSCHLAND GMBH, Friedrich-Koenig-Str. 35, 55129 Mainz, Tel.: 061 31/50 69-0, Fax: 061 31/5 06 97 10

Schmitz-Mertens & Co. KG – Spezialitäten Kaffeerösterei, Boschstr. 1, 53842 Troisdorf, Tel.: 022 41/4 10 39, Fax: 022 41/4 78 77, info@schmitz-mertens.de

Schreyögg Deutschland GmbH, Zielstattstr. 10 a, 81379 München, Tel.: 089/89 22 37 33, Fax: 089/89 22 37 34, mail@schreyoegg.com

Seeberger KG, Postfach 3540, 89025 Ulm,
Tel.: 0731/4093-0, Fax: 0731/4093-111,
info@seeberger.de

Segafredo Zanetti Deutschland GmbH,
Fürstenriederstr. 61, 80686 München,
Tel.: 089/829925-0, Fax: 089/829925-50,
info@segafredo.de

Tchibo Frisch-Röst-Kaffee GmbH,
Überseering 18, 22297 Hamburg,
Tel.: 040/6387-0, info@tchibo.de

Tee Peter Kaffee GmbH, Kaiser-Joseph-Str. 230,
79098 Freiburg, Tel.: 0761/409974,
Fax: 0761/407338, info@tee-peter-kaffee.de

Tempelmann-Kaffee, Marienstr. 18,
46284 Dorsten. Tel.: 02362/6004-0,
Fax: 02362/65362, info@tempelmann-kaffee.de

Kaffeeröster Timm GmbH, Sachsentor 15,
21029 Hamburg, Tel.: 040/7212436
Fax: 040/72541853, kaffeetimm@t-online.de

VOLLMER Kaffee GmbH & Co., Siemensstr. 30,
48341 Altenberge, Tel.: 02505/9324-0
Fax: 02505/9324-99, info@vollmer-kaffee.de

Wacker's Kaffee, Kornmarkt 9-11,
60311 Frankfurt/M., Tel.: 069/287810,
Fax: 069/2978823, info@wackers-kaffee.de

ZET-KAFFEE – Gastronomie Service,
Helenenstr. 8, 65183 Wiesbaden,
Tel.: 0611/403061Fax: 0611/406335,
info@zet-kaffee.de

Deutscher Kaffee-Verband e. V.,
Pickhuben 4, 20457 Hamburg,
Tel.: 040/366256, Fax: 040/365414

Literatur

Luise Haarer: Kochen und Backen nach Grundrezepten. Schneider Verlag, Hohengehren

Erhard Gorys: Heimerans Küchenlexikon. Kochbuchverlag Heimeran KG, München

Kiehnle Kochbuch: Walter Hädecke Verlag, Weil der Stadt

Gisela Krahl, Andrea Riepe: Wunderlich. Rowohlt Verlag GmbH, Reinbek bei Hamburg

Die Speisekammer: Christian-Verlag GmbH, München

Barbara Hübner: Casanovas Gaumenfreuden. Walter Hädecke Verlag, Weil der Stadt

Bildquellen

CMA / Deutsches Frisch-Ei: S. 11 (3)
Fuchs Gewürze: S. 23, 56
Giotto: S. 57
Deutscher Kaffeeverband: S. 50, S. 53 (3), S. 125
Kölner Zucker: S. 13, S. 17, S. 49, S. 93, S. 104/105
Nestlé: S. 54, S. 72, S. 83
Nutella: S. 79, S. 82
Ostmann Gewürze: S. 18
Pocket Coffee: S. 59
Deutscher Teeverband: S. 20/21
Verband der Fruchtsaftindustrie (VdF): S. 47
Getty Images: S. 4/5, S. 84, S. 87
Titelfotografie: Verena Böning, böning-design, Frankfurt/Main
Alle anderen Fotos: Brunhilde Bross-Burkhardt

Rezeptregister

Impressum

Gestaltung und Satz
Die Basis, Wiesbaden

Titelfotografie
Verena Böning, böning-design, Frankfurt

Reproduktion
Lithotronic-Media, Frankfurt/Main

Druck und Verarbeitung
Media-Print Informationstechnologie GmbH, Paderborn

Printed in Germany
ISBN 3-86528-210-5

Die Ratschläge in diesem Buch sind von den Autoren und dem Verlag sorgfältig erwogen und geprüft, dennoch kann eine Garantie nicht übernommen werden. Eine Haftung der Autoren und des Verlages für Personen-, Sach- und Vermögensschäden ist ausgeschlossen.

Besuchen Sie uns im Internet
www.umschau-buchverlag.de